HOPPY
ホッピー

闘骨

ホッピー中興の祖

石渡光一自叙伝

都市出版

左上・喜寿の誕生日。
左下・2016年第9回「食べないと飲まナイトin赤坂」。
下・2012年新ライン竣工式(中央が娘でホッピービバレッジ代表取締役社長の美奈、右が妻で同取締役の悦子)。

左頁上・2016年グッドデザイン・ロングライフデザイン賞授賞式。
同下・2016年食品ヒット大賞授賞式(ロングセラー特別賞)。

右・2010年勲章伝達式(旭日小綬章)。
下・2013年モンドセレクション授賞式。

52nd
World Selection 2013
Beers, Waters, Soft Drinks & Non-Alcoholic Beverages
SILVER AWARD
HOPPY BEVERAGE CO., LTD
55Hoppy
Stockholm - Sweden | May 31st 2013
MONDE SELECTION

GOOD DESIGN AWARD 2016

GOOD DESIGN
AWARD 2016
食品ヒット大

上・2016年赤坂氷川神社の祭礼にて徳川吉宗公に扮した松平健さんと。
下・同祭にて、赤坂芸者の皆さんと。

上下・2016年勝海舟・坂本龍馬師弟像除幕式。

石渡光一 ありがとうの会

石渡光

Hoppy

2019年10月18日、
帝国ホテル富士の間にて
「石渡光一ありがとうの会」。

愛用していたゴルフバッグ。

❀

闘骨

ホッピー中興の祖

石渡光一自叙伝

寄稿

石渡光一氏との思い出

1章……無鉄砲な少年時代

◆横暴な学校に啖呵を切る

僕は、昭和11（1936）年2月8日、父秀と母いせの間に次男として生まれた。「ミスタージャイアンツ」の長嶋茂雄と同じ年の同じ月生まれだけど、彼は20日生まれだからいわば弟になる。世の中が戦争へと傾き始めていた頃で、生まれて18日後にあの二・二六事件が起こった。もちろん僕の記憶にはないけれど。家は赤坂通りに面した5丁目交番のあたりにあった。今の地図でいうとマロウドイン赤坂というホテルが建つ場所にあたる。

小学校は、中之町小学校にあがった。現在の赤坂小学校のところにあったのだが、元は旧町名の中之町にあったのでその名前が校名になっており、今の鹿島建設があるところに校舎があったらしい。戦時中は、中之町尋常小学校という名前で、そこから中之町国民学校、乃木国民学校、そして檜町小学校へと名前が変わっていった（平成5年に旧赤坂小、氷川小、檜町小が統合して赤坂小となる）。小学3年になって僕は千葉県佐原に疎開した。当時は、縁故疎開と集団疎開とがあって、集団疎開はクラスのみんなで行く疎開で、その疎開先が府中のお寺だった。僕は、縁故疎開で叔母の実家がある佐原に疎開させてもらった。ちょうど同い年のいとこがいて、一緒に疎開した。東京に近い府中と違って、佐原は安全かというとそんなことはなく、授業中に空襲警戒警報が鳴ると、勉強をやめてうちに帰れと言われる。それで、防空頭巾を頭に被ってすたこら道を急ぐと、途中で「グラマン戦闘機」がやってきて機銃掃射をされた。慌ててドブの中に隠れたりしながら難を逃れ、頭上から飛び去った隙間を縫って一目散に家に戻った。ところが、家には誰も見当たらない。どうしたのかと思ったら、みんな押し入れに入っていた。昭和19（1944）年の11月、伯父の危篤の報を受け、僕はいっとき佐原から東京に帰ることができた。これでしばらく佐原に戻らなくていいと、喜んだものだった。疎開生活は、いとこ達と一緒だといってもやはり親から離れて暮らすわけだから、寂しくないわけがない。でも、葬式が済むと、僕はまた佐原に戻らなければならなかった。

僕には8つ年上の兄秀昭がいた。秀昭は学徒動員で大森にある日本光学の軍需工場に行っていた。昭和20（1945）年1月23日、その日、母はいつものように朝ご飯の支度をして、秀昭に食べさせた。いつもは秀昭ひとりが食卓につき朝ごはんを食べるのだが、その朝に限ってなぜか母は一緒にご飯を食べて玄関まで見送った。その日のお昼、兄はみんなと一緒に工場の屋根に登って海を見ながら弁当を食べ、降りる時に、スレート屋根を踏み抜いて落下した。運悪く落ちた場所にトロッコが停めてあった。打ちどころが悪く、秀昭は18歳で亡くなった。母はその後も、普段やらないことをやったからあんなことになったと悔やんでいた。

昭和20年3月の東京大空襲の時も、僕は佐原にいた。東京方面の空が赤く染まり燃え上がるように広がるのを眺めていた。父も母も姉もその空の下にいる。いとこと一緒に「燃えている燃えている」と言いながら、ただ呆然としていた。死者は10万人以上、罹災者は100万人にも及んだ。その時のことをあとになって母に聞いたのだが、防空壕に入りっぱなしだった人は蒸し焼きになって死んだそうだ。防空壕に入れなかったり、そこから逃げた人の方が助かった。おふくろさんは、空襲になって逃げる時は位牌を持っていこうとかねがね用意していた。それで、いざその時になって一生懸命持ち出したのだが、あとで気づいたら位牌の代わりに枕を抱えていたそうだ。

その後、終戦前に僕は夏休みで東京に戻った。東京は文字通り一面焼け野原だった。すっかり変わっていた。変わり果てていた。

終戦後、焼け野原での遊びといえば、ゴーカート遊びだった。焼けた金庫のキャスターをはずしてきてゴーカートを作るのだが、金庫が大きければ車輪も大きいので、なるべく大きめの金庫を焼け跡で探すのがゴーカート作りの第一歩だった。ブレーキも左右につけて、ハンドルは両脚で操作するようになっており右脚をつき出せば左に曲がり、左脚をつき出せば右へ曲がった。それを坂道の上に持っていき、金庫ゴーカートに乗り込んで一気に坂道を下って遊んだ。僕の車好きは、この頃から始まっていたのかもしれない。

戦後すぐ、小学4年の僕は父達と長野にトラックで機械を取りに行った。佐久にあった千曲飲料（大正15年に初代で祖父の石渡秀が設立）長野工場の機械を東京に運ぶためだった。父の会社は戦争前に長野工場でもラムネやサイダーを作っていた。赤坂の工場のラムネを作る機械は戦火で全部やられていたから、仕事を再開するためには、長野工場にあった機械はとても貴重なものだった。その帰り道、僕は車からの脱走を試みた。なにせガタガタ道を延々と信州往復だから、子供にはしんどいしつまらない。ほとほと車に揺られているのがいやになっていたのだ。僕はトイレに行くといって車を降り、そのまま逃げた。どこに行くというあてもなかったし、すぐにつかまっちゃったけれども、なんとも向こう見ずなところがあった。

小学6年の時、僕に家庭教師がついた。僕はいやで、勉強から逃げ回っていた。親は麻布中学を受験させようと目論んでいた。でも、実際に受験にいってみたら、ちゃんとした試験ではなく、なんだか知能テストみたいなもので、受験勉強なんて役に立たなかった。一緒に行った友達は受かり僕は落ちた。それで、新しく定められた新制中学に行った。新制中学は前年にできたばかりで校舎もなく、卒業したばかりの小学校の3階部分を間借りしていた。中学生になってもそれまで通っていた小学校に通うという、なんとも奇妙なことだった。

その中学校で、先生が野球部を作ろうと言い出した。当然グラウンドもないから、小学校の校庭を間借りして練習することになる。コンクリートの校庭だが、野球部員は全員裸足だった。おかげで、毎日練習しているうちに足の裏が厚くなっていった。今、夏にコンクリートの上で裸足になったら1分もいられないけれど、あの頃はへっちゃらだった。人間とは凄いもので環境に順応してしまうのだ。野球部には、バットとボールはあったけれどグローブがなかった。そこで「少年クラブ」という雑誌の付録についてきた型紙で、姉がズック布でグローブを作ってくれたのだが、手作りのグローブは平べったくてぺったんこだった。新制中学同士で対抗試合があると、野球部員は授業免除で遠征に出かけられた。「行ってくるよー」と校庭で言うと、みんな窓から手を振って見送ってくれた。試合の結果は覚えていない。

中学は学区が広くなるので、そこには赤坂田町の芸者街から通う生徒もいた。置屋の娘とかかわいい子が一杯で、うれしかったなあ。僕はえらい張り切っていた。だから、この時ばかりは勉強もした。授業で問題が出て「分かる人」と先生が言ったらすかさず手を挙げ、指名され答えて、かっこいいところを見せようとした。僕には好きな子が1人いた。いつも手をつないで帰ってきた。それを見て街の人達は店先で冷やかす。でも、どういうわけかへっちゃらだった。それが僕の初恋だったのかもしれない。それ以前は戦争だし、そういう出逢いもなかったから。でもそれも1学期だけのことで、2学期になる前、親父さんが「新制中学ではダメだ。あんな中学ではダメだ」と言いだした。僕には天国みたいで毎日が楽しかったというのに。で、僕は日大三中に編入させられた。その場所が今の鹿島建設のところ。めぐり巡って小学校の発祥の地に戻ったわけだけど、日大三中なんて男ばかりで面白くもなんともない。ふてくされちゃってたな。学校は8時25分に予鈴が鳴って8時半が授業開始。それがもの凄いサイレンで、家まで聞こえてきた。その予鈴が鳴るまで寝てる。ウーって鳴ったら飛び起きて、学校に行ってから顔を洗う毎日だった。

そんなことをしながら、そのまま高校は日大三高に進んだ。大学も学部の希望さえなければ日大に進めた。でも、やはり入った時のいきさつになんとなく反感があったので、どこでもいいから都立高に替わろうと思ってチャンスを秘かに狙っていた。三高には受験クラスがあって、一応受験勉強はしていたのだ。

その頃、僕は文芸部に所属していた。文芸部といっても実質は新聞部で、校内新聞を作っていた。高校2年の終わりに、部長が校長と理事長に呼ばれた。戻ってきた部長に聞いたら、春に出す新聞の一面に校長と理事長の挨拶文を載せるように言われたという。部長が「どうする？」っていうから、「なに言ってんだ、学校の御用新聞じゃねえんだ。そんなの断っちゃえ」といって、部長に断りに行かせた。そしたら今度は真っ青な顔をして帰ってきた。載せなかったら退学だと言われたって。「そんな横暴な学校があるか。そんなことをいうなら、こっちから辞めてやるよ」と、辞めたのが高校2年の終わりの春休みだった。春休みは期間が短いし、どこかに入れる試験制度だってないし。だけど、辞めちゃった。よほど校長と理事長に頭にきちゃってたから、ここでも生来の向こう見ずな無鉄砲さが出たのだと思う。

◆苦悩と磊落(らいらく)の青春を駆ける

辞めてから、どこかないかなあと思って探したが、あるわけがない。さて困ったぞという段になって、池上線の石川台（大田区）に住む親戚から話があった。そこのおじいさんが雪谷高校ならなんとかなるかもしれないという。すがる思いで頼んだら、簡単なテストを受けて都立雪谷高校に転入することができた。もともとは女子高で戦後男女共学になったばかりだから、とにかく女子生徒ばかり。こりゃあ、いいわって喜んだね（昭和24年4月男女共学を実施した当時、男子50名、女子300名）。その頃、赤坂の家は工場になっていたし、とても勉強する環境ではなかった。そこで、石川台の親戚の家にお世話になることにした。石川台の家は大きな家で、中庭があってそれを囲むようにコの字に家が建ち、部屋もたくさんあった。僕はそこから1年、雪谷高校に通わせてもらった。僕としては進学するなら都立高校で勉強するのがいいと思っていたから、結果として思っていた形になったというわけだ。

さて、高校の次は大学だが、僕は六大学がいいと思っていた。早稲田よりは慶應が好きだった。でも、それ以前には一橋に憧れていた。校章がかっこいいなと思ってね。それで、高校一年の時、父親さんにこの学校へ行くからって言っていた。親父さんはただ「そうかい」

という。だけど、一橋や東大は難しいことが家庭教師に来てくれていた当時の一高の鈴木さんをみてわかった。あんなに頭のいい鈴木さんが東大に行けなかった。だから自分が一橋に行くなんてとんでもないと、受験する段になって考えを改めた。それでも慶應の法学部政治学科に入ることができた。

大学の1・2年は演劇研究会に所属していた。明治40（1907）年に永井荷風・小山内薫らによって設立された歴史を持つ伝統のある演劇研究会だ。入部してすぐ三田山上の「演説館」で木下順二作『二十二夜待ち』を上演（?）した。この演説館というのは、福沢諭吉が「スピーチ」を「演説」と訳し、その演説会堂として明治8（1875）年に建てたものである。昭和42（1967）年に重要文化財に指定されているので、ここで芝居をできたのはこの時が最後となり貴重な体験をした。演劇研究会には、後に日本テレビのディレクターになった羽柴秀彦先輩がいて、僕はその演出助手をずっとやっていた。ある時、幼稚舎から演出の依頼がきたことがあった。お前行ってこいと言われ、幼稚舎の芝居の演出をしたこともあった。あとで分かったことだが、5年後輩には石坂浩二（本名 武藤兵吉）がいた。

正月に謡（うたい）がどこからか聞こえてきて、お正月と謡が醸し出すなんとも優雅な雰囲気に魅せられて、慶應三田観世会に入部したのは、3年の時だった。当時大曲にあった観世会館での卒業能は『船弁慶』をやった。花形はシテとワキなのだけれど、僕は3年からの入部だったのでワキツレをやらされた。義経の家来だから格好だけはすごい。それで、舞台の柱のある

慶應三田観世会卒業能の様子。右側の3人の演者の右端が石渡光一青年。

片膝を立てたこの姿勢を最後まで貫いた。

角のところ、いちばん目立つ場所で片膝を立てた形でずっと座っていなくちゃいけない。そのうち足は痺れてくる。あまりもじもじもできない。演じ終えても幕は下りないから、最後は何もなかったようにすっくと立って静々と歩いて下がらなければならない。もう冷や汗だらだらで大変だった。

卒業してすぐに近所の片山さんのお宅に、松木千冬という独立したばかりの謡の先生が出稽古に来るという話を聞いた。同じ観世流で、武田太加志先生の内弟子修業が明けたばかりの先生だという。何という渡りに船のタイミングだろう。早速稽古に通いだした。5年経った時に、秋の別会で『勧進帳』をやらされた。素謡（すうたい）（囃子も舞もなく謡のみ）だけれど裃（かみしも）をつけ、無本だから色々と大変だった。大変だけれど、こういう大曲を一度やっておくとこれがきっかけで稽古が一段と進んだような気がした。謡は今でも役に立っている。結婚式で社長の美奈と一緒に出席すると、社長が挨拶をする。僕は謡を披露する。「高砂やぁ」ってね。今は謡をする人も少ないので、貴重な伝統的日本文化を披露する重要な役割を担っているわけだ。そして新郎新婦・親戚の皆さんから大変に喜んでもらえる。唄は昔から好きだったな。古賀政男のメロディを、人にもらった中古のギターでつま弾いたりしていた。その頃かなぁ、渋谷の楽器店に飾ってあるフルートが欲しくてね、きらきら光るその姿を毎日見に行ってた。今日こそ親父さんに買ってくれと言おうって決心して家に帰るんだけれども、資金繰りに苦労している姿を見ていたから、いざとなるとどうしてもそのひと言が言えなかったんだ。

父の仕事ぶりに話が及んだので、ここで父のことと父が始めたホッピーのことを僕の視点から語っておこうと思う。父の秀は男５人、女３人の８人兄弟の次男だった。上から、長男の作太郎、秀、定吉、金蔵、そのあとに女が３人いて、末っ子に光太郎がいた。前述した、佐久の千曲飲料から赤坂まで一緒に機械を運んだのが四男の金蔵で、彼が軍隊から帰ってきた時、父は田原町に土地を買い家を建ててやった。それでまた一家でラムネを作り始めた。それと前後して、ノンビアの開発が始まった。ノンビアというのはアルコール度数のないビールのことで、戦前から飲料メーカー各社が手がけていて、父のところにもラムネを納めていた歩兵連隊から作ってくれと依頼があった。しかし、香料を調合して作れば簡単にできるのなら、何もウチが作る必要もないと依頼を断っていたそうだ。それが一転してノンビアの開発に着手したのは、千曲飲料の工場に通ううちに長野でホップが栽培されていて、何らかの手段でそのホップを手に入れることができそうだと目論んでいたからだと思われる。ノンビアの開発は、最初は宇田川さんという人がうちにいて、父はその人に研究させていた。しかし宇田川さんの作るノンビアは、あまり良いできではなかったようだ。

そこへ光太郎もシベリア抑留から帰ってきた。軍隊では通信隊にいた光太郎は電気屋をやりたいというので、父が大森に家を作ってやり、大森のタカラヤマーケットの中に電気店を出させた。僕もその店には何度か遊びに行ったことがあるが、その頃は中波、いわゆるＡＭ

放送と短波放送の両方が聴けるオールウェーブというのが流行っていて、そういうラジオも扱っていた。しかし、その店もタカラヤマーケットが火事になって焼けてしまった。父は光太郎のことを光兵衛（こうべえ）と呼んでいたが、店が火事で焼失したのを機に、「光兵衛、電気屋は止（よ）して、うちに来てノンビアの研究をしろ」と、うちの家業に引き入れた。電気からいきなり飲料の研究をしろと言われて、さすがの光太郎も面食らったに違いない。光太郎は、それで滝野川の醸造試験所（明治37年に大蔵省の施設として誕生、平成13年より独立行政法人酒類総合研究所）に通うことになった。当時の醸造試験所には山田正一博士をはじめ日本の醸造学の第一人者が揃っていて、光太郎はそんな環境で学ぶことになった。山田博士は、のちに日本醸造学会の中にその名を冠した賞が作られるなど、日本の醸造学の権威とも呼べる人物だ。光太郎はそんな教授陣のもとでビール作りを学んだのだが、その頃「俺が作ったのが、先生のよりうまかった」と僕に自慢していた。

滝野川の醸造試験所を優秀な成績で学び終えた光太郎は、そこでいただいたビール酵母とともに赤坂に戻った。そこからがノンビアの本当のスタートだった。そして、ようやく商品化にこぎつけたホッピーだったが、父はあくまでもノンビアとして一所懸命作り、世に出したのだと思う。ところが消費者は、焼酎をこれで割って飲むとうまいというんで、割り材としてホッピーを飲み始めた。商品というものは、市場のニーズと合わなければ売れるものではない。たまたま、消費者が焼酎割りという飲み方を見つけ、それですごい勢いで売れた。

びんは同じ赤坂のびん屋さんだった宮永さんのところから取り寄せていた。ホッピーがわーっと一気に売れたから宮永さんも忙しくて大変だったと思う。なにせホッピーを作っても入れるびんがないということもあったから。当時の日本には、小型で肩の張った、言うなればビールが入っているというイメージを起こさせるようなびんがなかった。ホッピーは、ちゃんと麦芽もホップも使ったビールタイプの飲料だから、父はなんとかビールをイメージさせるボトルに入れたいと思っていたのだろう。狙いをつけたのは進駐軍だ。赤坂には戦前歩兵第一連隊が駐屯していた。連隊長の乃木希典大将（明治11〜16年連隊長）が毎日乃木坂の屋敷から馬に乗って通っていた。今のミッドタウンのところだ。戦後そこにマッカーサー将軍率いる駐留軍が進駐してきた。彼らはアメリカから持ってきたビールを飲んで、その空きびんを裏門の外に山となるほど捨てていた。それが、360mlでホッピーを入れるのにちょうどいい。それを拾ってきて、よく洗い、ホッピーをそれに詰めて、売り出したというわけだ。

僕が思うに、当時のホッピーはあまり美味しくなかったんじゃないか。赤坂の工場にあった発酵タンクは、日本酒の醸造会社から買ってきた600Lの小さなもので、単なる筒状のもので蓋がなかった。今の発酵タンクは、タンクの外周にひとまわり大きな外壁がある二重構造で、内側との間にブライン、つまり冷媒を流し温度管理ができるようになっている。しかし、そのタンクは一重だからブラインを回せない。だからどうしたかというと、ゴムホースをぐるぐる回してホースのあちこちに穴を開けて水道水をジャージャー流して冷やしていた。それが十本くらい並んでいた。当時の工場は、焼け跡に急拵え（ごしら）で建てたバラックだから、天井からの埃がタンクに落ちる。雑菌も入るけれど、一般細菌は酵母菌より弱いから大丈夫なのだが、ともかく僕も飲んだが埃臭かった。それがなんともホッピーの伝統的な味になっていた。今では笑い話だが。

ホッピーを売るにあたっては、「七人の侍」と呼ばれる男達がいた。彼らは、ホッピーを作った父の秀のもとに集まったホッピー拡販部隊。父の兄弟や親戚、さらには終戦後、父を頼って仕事を手伝うようになった男達だ。身内では、弟の金蔵と長男作太郎の妻の甥が拡販部隊に加わっていた。甥の方は最初はうちに下宿していて、中央大学に行きながら、昼間はサイダーの打栓機を踏んだりして手伝っていたが、その後ホッピーを売り歩く一員になった。それからシベリア帰りが2人など、総勢7人がそれぞれ販売エリアを持って売り歩いた。例えば深川方面なら二本松さんのエリアで、彼は7人の中でも一番ホッピーを売った人だった。それから、菅波さんは横須賀方面。それぞれが、ホッピーを買い取って自分のエリア内にある店に売り歩く。だから、利幅がある。売り歩く7人の男達はかなり儲かった。でも、そのうち色々金銭トラブルが出てきた。

まずは、うちの経理を担当していた須田さんがこの七人の侍から袖の下をもらっていたのが発覚した。この人はもともと松竹にいて、戦前、父がキャバレーを経営していた当時から知っていた人物だったが、父の妹のひとりと結婚して義理の弟になった。そんなこともあってうちの経理担当になっていた。当時、赤坂の工場の敷地内にはトラックを停めるスペースが一台分しかなかった。そこで回収してきた空びんを降ろし新しいホッピーを積むのだが、その順番を仕切っていたのが須田さんだった。彼は袖の下を持ってきた人から優先的にトラックを入庫させ、持ってこない人はいつまでも待たされた。さらには、原材料屋にもバックマージンを要求した。自分の地位を利用しながら、彼はそうやって私腹を肥していた。最もひどいのは、父が現金主義で商いをしていたのに、勝手に掛け売りを許していたことだった。これも袖の下をもらっているから請求しない。ホッピーがどんどん売れて生産が追いつかないほどなのに、これではうちにお金が入ってこない。僕が見ていても、父は金繰りに苦労していたのが良く分かった。これでは現金主義も何もあったものじゃない。そこで手形制度に変えた。すると、今度はこれを悪用する人物が現れたのだ。

二本松さんはホッピーをたくさん売りながらも、この人気は一過性のものと思っている節があった。手形制度になったおかげで売り上げを一時的に手元に置ける。それを元手にして別の商売を始めようとしたが失敗した。当時のお金で3000万から4000万円というのは大金だが、その大金を注ぎ込んで新たな事業を始めるのだが見事に失敗した。当然うちに払うお金はなくなる。だが、父はこれまでホッピーを売るために一所懸命努力してくれたのだからと損失を棚上げにしてやった。その温情も無駄になったのは僕もよく知っている。彼は今度はミシンを何十台と買って縫製業を始めたがこれも失敗した。ここでも3000万から4000万円の損失が出た。とうとう父は彼を切ることにした。彼がホッピーを売っていた居酒屋を、全部うちが直接取引をすることにして、彼が二度とホッピーを扱うことのないよう手を引かせた。そういうケースはもう1件あって、第2の仕事に金貸しを始めた人もいて、これも見事にダメになった。その時のも合わせると、父が被った損失は1億円を超えていたと思う。「七人の侍」達とは、商いをする上で担保などは取っていなかった。酒販業者の多くが相手にしないようなホッピーを一所懸命広めてくれたという感謝と恩義を、父は彼らに抱いていたのだろう。でも、それが仇になったとも言える。渋谷の楽器店に飾ってあったフルートを買って欲しいとねだることができなかったのは、父のそんな姿を見ていたからだった。

2章　証券マン時代

◆開花は修行先で

大学を卒業したのは昭和34（1959）年。僕はそのまま家業であるコクカ飲料に入るつもりだった。ところが、卒業する寸前になって、親父さんが急に言い出した。「お前、どっか行ってこい」。泡食っちゃった。こちらはろくろく勉強してなくて、しかも当時は就職難の時代である。就職のための勉強会も行なわれていたが、よその会社に就職する気はなかったからそれにも出ていなかった。当時、投資信託が大ブームで、証券界は大きな発展期を迎えていた。「銀行よさようなら。証券よこんにちは」のキャッチフレーズが口々に叫ばれていた。当時、株の売買の取り引き単位は1000株。100円の株で、1000株だと10万円になる。でも、投資信託では1000円から買える。投信を買うと、信託会社が集まった資金を元手に株を売買して利益が出たら、配当をくれる。直接ではないけれども株を買っている感覚になれるわけで、だから、どんどん売れていた。証券会社は次から次に支店を出し、ものすごい成長の波に乗っていて、どんどん社員を募集していた。それならばと、僕も証券会社に行こうと決めた。規模を問わなければどこかに首を突っ込めるかもしれない。大手は難しいかもしれないから、小さいところにしよう。それに就職は社会勉強のためだから、小さいところの方が勉強になるだろうと。そうして、日東証券に勤めることになった。簡単な講習があって、すぐに亀戸支店に配属された。当時、亀戸は京葉道路の拡幅工事中で、支店は拡幅予定の土地にバラックで建っていた。亀戸は新しい支店だが、支店長がやり手の人で各支店から営業成績の良い人達を集めていた。つまり、それぞれが顧客を抱えていた。だから、新しい店舗ながらすぐに営業成績が上がった。都内13店舗のうち、はじめからトップの成績を収めていた。その中で、新人は僕を含めて4人。頑張らないといけない環境だった。

僕は亀戸のどこを回ろうかと思案して、木場に目をつけた。材木屋は金持ちだろうという目論見だ。でも、木場は水辺だというのにまるで砂漠みたいだった。炎天下でも日陰もなければ喫茶店もない。「こんちわー」と入って行くと、「えーい、邪魔だ」と威勢よく吹っ飛ばされてしまう。誰かお客様になってくれそうな人はいないかと、店の隅で小さくなっていた。なにせ、セールスのイロハも何も教わらないまま、いきなりひとりで外回りに出されたのだから、心細いことこの上ない。ともかく、暗中模索で、無い知恵を絞った。

亀戸駅のそばに、石渡眼鏡店があった。同姓なのできっと先祖は親戚でしょうなどと言いながら挨拶に伺うのだが、そこのおやじさんは職人気質でろくに口も利いてくれない。だけど、根気良く毎日通った。そのうちに、事務員の女性が気の毒がってくれて、私の旦那に買わせますよって言ってくれた。初めてセールスできそうだと喜んだけれど、どうやってまとめて良いか分からない。そこで先輩社員に立ち合ってもらい、ようやく東芝2000株を買ってもらった。うれしかったなあ、あの時は。それが初めての商い、入社して半年後のことだった。それがきっかけになったのか、それからはこつこつと歩いてはセールスができるようになった。木場でもひとつ大きな契約が成立した。ある大きなビル持ちの材木屋さんに目をつけた。4人兄弟の長男が社長で、株をやっていた。何とかこの社長に接近する方法はないだろうかと策を練った。四男坊が慶應出身だと聞いて、まずそこから突破口を開き、ついに10月にナショナル1万株の注文をもらうことができた。1ヶ月経ったところで、11月に公定歩合の引き上げがあった。今はさほどではないが、その当時、公定歩合というのは相場にすごく影響した。たちまち株価は暴落した。ナショナルもあっという間に100円安を付けた。そうしたら、買ったばかりの株を売っちゃえと言ってきた。信用取引ではなく現物取引だから、なにも慌てて売ることはないのだけれど、お客様がそういうなら仕方がない。それで、そのお客様とはその一回でお終いになった。悔しかったねえ、ありゃあ。悔しくて、その暮れの忘年会で柔道四段の上司に食ってかかった。僕も初段だから、どのくらい強いか投

証券マン時代の筆者(右)。

げてみろって。あっけなかったね。ワイシャツをびりびりにされ、いっぺんで投げられちゃった。何せこちらはその頃、体重が40kg台。ギリシャの哲人を見よ、みんな痩せていて太った哲人などいないって、息巻いていたからね。そうしたら、支店長に、お前はファイトがあると褒められた。何がどう評価されるか分からないものだ。

バラック造りの亀戸支店だったのが、ようやくきちんとした社屋ができたのは1年目の秋だった。開店祝いの御祝儀銘柄というのがあって、お客様に来店してもらい、株を買ってもらうことになった。今までセールスで訪問していたお客様をお呼びした。当時、佐藤和三郎という有名な相場師を題材にした『大番』という映画が話題を呼んでいて、主役を演じた加東大介に同期入社で同じ亀戸支店に配属された仲村が似ていた。株の世界では強気を「ブル(雄牛)」、弱気を「ベア(熊)」と呼ぶ習わしがあって、『大番』の主人公はギューちゃんと呼ばれていた。この仲村は三浪して歳を食っている上に、真っ黒で真ん丸で鉄屋の親方みたいな顔をしていた。映画がヒットしたこともあり、何せ新人とは思えない風貌をしているからお客様からの信用度も高い。実際、その時は仲村の顧客がどんどん来店して注文がもらえる。こっちはひとりも来てくれない。これには参った。親父さんに電話をして、富士フイルム2000株を買ってもらって御祝儀商いをした。

その後、彼は八重洲支店の次席として栄転していった。それ以前から、優秀な社員が次々に他支店の支店長などになって移っていたので、亀戸支店での僕はいつしか中堅という立場になってしまった。僕は仲村を「ジョーさん」と呼んで親しくしていたが、彼がいなくなって、仮に支店の成績が落ちたとしたら、彼が抜けたからだと言われる。そんなことになっては悔しい。彼は早稲田で僕は慶應だから、負けるわけにはいかない。それまでぼんやりしていた僕に火がついた。どうやったら商いができるか、ようやく本気で考え出したのは、その時だった。

◆正拳の闘志

同期の中でもトップの成績だった仲村が他支店に移っていったあと、社員達をいかにやる気にさせるか、亀戸支店の中堅として営業のやり方を真剣に考えるようになった。そこで、以前、本社から指令が来た仕切り商いのことを思い出した。特定の銘柄を各支店が担当数分売れという通達だ。それは必ず売らなければならず、売れ残りを本社に返せない。その時ばかりはみんな必死にセールスに回った。この方式を亀戸支店内でやってみようと考えた。

まず、朝7時半に出社して、全員で日経新聞の読み合わせをする。それから各自に今日の推奨銘柄を発表させて、多く出た意見から寄り付き（その日の初値が出る）でその銘柄を買う。それを各自に割り当てて責任ノルマとし、午後3時までにお客様に買ってもらうことにした。それからは社員の目つきが変わっていった。他人事みたいに株価のボードを観ていたのが、客先への電話にも必死になった。説得材料を探すために勉強するようになり、それがセールストークにも繋がる。普段から見込み客を作っておかなくてはならず、それまで外回りと称して喫茶店に居座り、上司の悪口を言い合っていた社員達も、油を売っている時間がなくなり、一軒でも多く客先を回るようになった。おかげで成績はぐんぐん上がり、たちまち全国でトップになった。そのかわり、上げ相場だろうが下げ相場だろうが関係なくセースルするわけだから、それは大変だった。僕は、他の社員が余らせた株も引き受けたし、その分これはというおいしい話を独占できた。それには秘訣があって、僕は多くの有力な見込み客を持っていた。僕が目をつけたのは歯医者さんだった。当時、下町の歯科医院は、西部劇のバーに出てくるようなスイングドアで診察室と待合室が隔てられていた。それを開けて「先生！」

日東証券蔵前支店の前で。写真右が筆者。

と入っていくと、相手は診察中で逃げられない。顔を見て話ができるし、大抵お金があり、頭も良いし株に興味を持っていて、奥さんは美人揃いで品が良くお茶とお菓子を出してくれる。こちらの推奨銘柄を「ああ、そうかい」と買ってもらえ、失敗しても「そうかい」と鷹揚に構えている。そういう見込み客を少なくとも5～6人、10人も持っていれば楽だ。ただ、信頼をいただくまで頑張って自分の力を売り込んでおかなくてはならない。僕は、毎日昼も夜も寝ながらも明日は何を買おうか考えていた。それで、夢枕にお告げがあって、その通りにしたら当たることもあった。普段から市況をみて勉強していたから、ふとした時にそれが頭に浮かんだのだと思う。

亀戸に4年勤めたあと、僕は蔵前支店に転勤になった。その頃の蔵前支店は、いつも成績がビリだった。そこに派遣されちゃった。トップからいきなりビリだ。行ってみるとまるでサロンみたいな仲良しクラブで、必死になって株を売ろうという雰囲気がまるでない。生ぬるいもいいところだ。さっそく転勤してきた僕の歓迎会が開かれ、二次会に行くことになったが、僕がトイレに行っているうちにみんないなくなっていた。しょうがないから帰ろうと浅草橋駅に向かって歩いているとまもなくオープンするビルがあった。窓に「ガラス注意」と大きな張り紙がしてあった。もう時効だろうから白状するが、カッカしていた僕はこれを正拳で割ってやろうと、拳を少し下向きにして思いきり殴って割った。痛くも何ともないが、血管の細いのが切れた。今でも手に細くその時の傷跡がある。翌日、みんなの前で言った。今朝あそこの前を歩いてきたヤツはいるか、割れてただろう、誰が割ったか知ってるか。みんな僕の手を見てる。夕べのお前達の態度はなんだと、一喝した。そこから僕は例の亀戸方式を取り入れて、さあやるぞ、何が何でもと発破をかけた。ぼんやりしてると正拳が飛んでくるのではと、みんなびくついちゃって。そこから半年でビリの支店が、全国で1位にまで昇りつめた。ただ、みんな神経を使うので、ストレスを解消させてやらなきゃいけない。それは亀戸時代からやっていたことでもあった。亀戸では裏の寿司屋の2階に上がり込んで、安いゲソばかり注文し一杯やってオダを上げてというのを毎日やっていた。僕はボーナスを前借りしてまで自腹を切った。そのうち、寿司屋に行くお金もなくなり、最後は亀戸支店内でやるようになった。6時になったらカーテンを閉めて「酒買ってこい」と。そのうち誰かが歌い出す。誰にも遠慮なく放歌高吟だ。蔵前でも同じようにして部下達の志気を維持していた。毎日の酒宴は、意外な効果もあった。亀戸で銀座支店から新しい支店長が赴任してきた時のことだ。けちと噂され、暗闇から引っ張り出した牛のように鈍重な人が、たまたま視察に来ていた本社常務の前で軍歌「歩兵の本領」を唄った。♪万朶（ばんだ）の桜か襟の色 花は吉野に嵐吹く 大和男子（やまとおのこ）と生まれなば〜。人付き合いも無く、うつむき加減だった人が、いきなり威勢のいい将校だもの。常務は「これじゃ成績が上がるわけだ」とびっくりした。そして、支店長本人からも感謝された。支店の成績が上がったおかげで、常務の前でも堂々と胸を張っていた。その時改めて思ったね、ともかく成績が良くなくちゃダメなんだと。

昭和36（1961）年7月の日経平均1829円を頭に下げに転じた相場は、昭和40（1965）年には1020円をつけ、1000円も割れるのではとみんなボードの前で真っ青な顔をして震えていた。しかし、ここが大底となって昭和41（1966）年に少し反発し、その翌年に駄目押しのいわゆる二番底をつけたが、昭和43（1968）年にはやがてバブル期に最高値3万8000円超をつけることになる上げ相場のスタートを迎えた。この昭和40年の大底の年に、僕は全国一の成績を上げ、社長から表彰状をもらった。ただ、本当はその日その日の打つ手に困っての呻吟（しんぎん）の毎日だった。お客様にもずいぶん迷惑をおかけした。しかし、金銭を扱う難しい商売で、そのうえ無理をした商いだったのに、1件の事故もなかったのは自分でもラッキーだったとつくづく思う。今でも感謝の念で一杯だ。

景気が上昇機運を迎える昭和43年の前年、親父さんがもうそろそろ帰って来いというので、大相場への入り口を目の前にして、僕は日東証券を退職した。相場という掴みどころのないものを扱うのにもちょっとくたびれていた。実際に手でつかめるもので商いをしたくなってもいた。いい潮時だったのかもしれない。日東証券の土屋陽三郎社長は一橋大出の学者社長として有名で、僕が1年目の時にアメリカのメリルリンチ証券の研修から帰ってきての第一声は「当社は投信はやらない」だった。「投信のように値の決まっているものを売るのは、八百屋で大根を売るのと変わらない。私は皆さんにお客様の財産運用コンサルタントになってほしい。そのためにこれからは年2回コンサルタントの試験制度を取り入れます」と言った。周りはみんな投信で大きくなっている時だったので、なぜと思う人は多かった。だが、このことが、どん底景気の時に功を奏し、投信で大きくなった所がばたばたと倒産する中で、日東証券は大阪の江口証券と大一呉証券を吸収合併し、三洋証券として大手4社に次ぐ証券会社になった。私の友人などは三洋証券の株が3000円の時に7万株持っているといって喜んでいた。しかし、陽三郎社長のあとを継いだ息子が社長になったら、バブルに踊って水の泡。世の中は有為転変だ。

3章……コクカ飲料に入社

◆苦闘コアップガラナ

昭和42（1967）年、日東証券を退社して僕がコクカ飲料に入社した時、ホッピーの売れ行きは好調に推移していた。毎年10%ほどの割合で売り上げを伸ばしており、そのセールス活動はいわゆる「七人の侍」達が牛耳っていたので、僕の入り込む余地はとりあえずなかった。ホッピーは彼らにまかせて、僕は「コアップガラナ」（ガラナ）を売ることにした。

ここでガラナについても若干の説明をしておくことにする。昭和32（1957）年、当時ラムネとサイダーが主だった清涼飲料の業界に、海の向こうから黒船がやってきた。ボリューム感のあるフレアスカートを模したボトルもアメリカンな香り漂う、コーラの日本上陸だった（原液の輸入自由化をきっかけにコカ・コーラのボトラー社誕生、ペプシコーラの販売開始）。日本の中小メーカーばかりの清涼飲料メーカーが集まる組合は震撼したが、指をくわえておろおろばかりもしていられない。対抗策を探ることになった。茶色の飲みものには茶色でとばかり、世界中の飲みものを調べていくうちにアマゾン流域に伝わるガラナを見つけた。木の実から作った粉を飲み水に入れて、強壮剤として飲んでいた。ブラジルのビール会社3社では、炭酸飲料にしてびんに入れて売っている。これはいいやということで、全国清涼飲料協同組合連合会として製造・販売することになった。そこで、坂本香料というところに相談をして、ブラジルからエキスを輸入し香料を加えて各飲料メーカーに支給してもらい、リターナブルびんに入れて売ろうということになった。びんのデザインは、コーラがスカート姿なら、こちらは純日本ということで京都の舞妓さんの姿にしようと、ボトルのデザインができた。清涼飲料各社の協業（コ・オペレーション）なので「コアップ」という名を冠し、日本コアップガラナ株式会社という組織にして、その株主になることで、製造販売ができるようにした。当時、台頭しはじめた巨大資本に対向して生き残っていくには、中小メーカーがまとま

コアップガラナのオリジナルボトル（左）と、発売50周年ボトル（右）。

ってことを興さなければならないという思いを抱いていた父の構想は、こうしてひとつの形となり、昭和36（１９６１）年、父は日本コアップガラナ株式会社の初代社長に就任した。ガラナを扱いたい会社を募ったら、全国で30社が手を挙げた。製造のみ、販売のみ、製造も販売もという3つのタイプに分れて、「コアップガラナ」を売ることになった。

コアップガラナのルートカー。

ガラナはたちまち人気を得て、多い年には年間１５００万本も売れた。僕がガラナを売ることになったのは、コーラが市場を席巻しはじめ、対抗馬として出したガラナはまだまだ苦戦を強いられていた時期だった。当時、コクカ飲料にはガラナ用に2台のルートカーがあった。ガラナを積んで販売ルートを回るという運搬車兼宣伝カーだ。僕はガラナのセールスを強化するために、さらにもう1台増やし、人員も増やすことにした。2台目のルートカーは僕がデザインした。ルートカー3台にスタッフ4名のガラナ部隊ができあがった。セールスに回り始めると、「コーラとは味もデザインも違うから置くよ」という店が結構あることが分かった。僕達は、東京都喫茶飲食生活衛生同業組合の名簿を手に入れ、銀座や新橋の小さな喫茶店を1軒ずつ回ってはガラナを置いてくれるよう話をした。それはそれは、地道なセールスの毎日だった。その頃の成果として今に残るのは、ルノアールとの取引だ。四谷にあるルノアール1号店に飛び込みで入ったら、さっそくガラナの導入を決めてもらえ、たちまち全国のお店で使ってもらえるようになった。それは、良い例だけれど、少しでも効率を上げたいと思っても、なかなかそうはいかない。

新宿駅西口の大型喫茶店を訪ねた時のことだ。若いマネージャーが出てきて、のっけから「おう、ガラナか。で、お前、いくら持ってくるんだ」と、お金の話。リベートを払えってことだ。某飲料メーカーは50万円だという。悔しくて、僕は20万円持ってきますと言うと「それっぽっちか」。次に、これも大型のチェーン店、ピンク色の。西麻布の本社を訪ね、部長クラスの担当者に面会した。「ふーん、ガラナか。ちょうどよかった。ジンジャーエールとの契約が切れるところだ、お前んとこと契約してやる」。「ほんとですか！」と飛び上がらんばかりに喜んだら、「だけど、2000万円持ってこい」。映画配給会社と同じ資本のTパーラーというのがある。今度はそこに行った。有楽町の本社だ。相手の部長は慶應出身。僕も、先輩ひとつお願いしますよと擦り寄った。でも、そこでも同じセリフを言いやがる。

「いいよ、ジンジャーエールとの契約が切れるから、そのあとに入れてやる。そのかわり2000万円持ってこい」。ただ、こちらの場合は、映画館の緞帳（どんちょう）の左右の袖に広告を入れてやるという条件付きだった。2000万円は出せませんよと言ったら、「バカヤロー、全国の映画館で何万人が見ると思ってんだ。ひとり当たりの金額を計算してみろ、高くも何ともない」と、結局けんもほろろに追い出された。それならばボーリング場はどうだということになった。当時は、中山律子が大人気で空前のボーリングブーム。行ってみると、ガラナのガの字も聞かないうちに、「うちはいらないよ」と、話しもしてくれない。みると、そこにはコーラが入っていた。

苦戦を強いられたガラナのセールス活動だったが、成功した事例ももちろんある。衆議院議員会館の喫茶室だ。オリンピックという名前の店を訪ねていった時、出てきたおばさんに「そんなまずい物要らないわよ」と言われた。ひと口も飲まずにそんなことを言う。僕は思わず「飲まないうちから、うまいのまずいの言うな」と啖呵を切っちゃった。そうしたら、「そりゃあそうだった。申し訳ない」と向こうが謝ってきた。それですぐに置いてくれた。なんだか、気に入られちゃったんだね、おばさんに。おそらく、反論されたことなんて無かったからびっくりしちゃったのかな。それから、何かあっても、僕にはやさしかったなあ。

◆無果汁ガラナの可能性

ところで、コアップガラナのベースを供給する香料会社は、そのベースにりんご果汁を入れていた。ガラナを作る中小の清涼飲料メーカーは、サイダーやラムネを作ってきた連中だから、これまでは殺菌しなくてもよかった。しかし、果汁入りの場合は殺菌しないと変敗の危険性がある。変敗とは、酸化などで色や味が変わってしまうことだ。高温で殺菌すればいいのだが、どのメーカーにも殺菌機はなかった。これは何とかしなければいけない。調布に工場を移転したばかりの頃（調布工場移転については、あとの章で詳しく述べる）、父と私は、ちょうどうちに技術指導で顔を見せていたセブンアップ飲料の技術者竹大さんに、無果汁で今と同じ味のガラナが作れないかと持ちかけた。彼は「ああ、わけないですよ」と、10日ばかり経った頃にサンプルを作ってきてくれた。飲んでみるとさっぱりしていてすっきりとおいしい。このレシピでいこうと、さっそく日本コアップガラナの役員連中に諮った。いずれも同業の清涼飲料メーカーだ。最初に発言力もある業界の重鎮を訪ねた。すると、「いやあ、私も研究していてね。私は私の方針でやらしてくださいよ」と受け入れてくれない。あとで聞けば、彼は無菌充填を研究していたそうで、無果汁の研究ではなかった。全国に散らばる製造メーカーの技術力はまちまちだ。だから、ベースを無果汁にするほうがはるかにハードルは低くなるはずなのだが。他の役員のところに行っても同じような答えだった。父は日本コアップガラナの社長という立場だったが、自案を押しきれずに終わった。結局、うちは竹大さんに作ってもらったレシピで曽田香料に頼んで製造した。もともと手がけていた坂本香料に、三栄などが加わって、ガラナのベースを作る香料会社は4つに増え、みんなが別々に動き出してしまった。これでは、業界で統一したものを売っていこうという当初の目的から離れてしまう。合議制もなにもあったもんじゃなく、意地の張り合いになっていた。取締役会を開いてきちんと討議してやったらいいと僕は父に進言したが、役員同士がそっぽを向いている状態では収拾がつかなかった。理事でもない僕は何もできずに、ひたすら歯がゆかった。

一度だけ、堪忍袋の緒が切れたことがある。日本コアップガラナの株主総会が熱海で開かれることになり、僕は運転手として社長である父を乗せて同行した。総会では末席に寄らしてくださいとすみっこに座っていた。だんだん会議が進んで、ガラナの話になった時、ちょっと発言させてくださいと挙手した。

その頃、工場長の光太郎叔父はいつもこぼしていた。澄んだガラナを作りたいのにベースが濁っている。濾過(ろか)しないと使えないので何とかしてくれと香料会社にいくら言っても直してくれないと、あきれ果てていた。そのことを言った。ちょうど目の前に香料会社の社長がいた。「これ、何とかきれいにしていただけないでしょうか」と言うと、「そんなもん、できねえ」とけんもほろろ。そこで僕は、グレープフルーツ飲料のベースを作っている他の香料メーカーの事例を取り上げ、対応の素晴らしさを紹介した。そこは製造サンプルを送ると、ph値やガス圧などを細かく検査してくれ、正しく製造していることを証明してくれた。どうですか、同じようにしてくださいと迫ると、「そんなもんできるか」と返された。腹に据えかねた僕は言った。「へえ、ずいぶん立派な香料屋さんなんですね。皆さんに提案します。こういう乱暴なところはよしましょう。少なくともきちんとやってくれるところに替えましょう」。たちまち出席者全員が賛成した。ところが、総会が終わってみたら、元の木阿弥。総会決議などなかったことになっている。あきれ返っちゃった。だいたい、総会のあとは宴会になって、やがてオイチョカブが始まり明け方までというのがお決まりのコース。お偉いさんが博打好きでね。うちの父はいつも負けていた。証券会社時代に、支店長会議に僕が代理として出席した時にこんなことがあった。会議が終わったら、目の前で今月のマージャンの精算が始まったのだ。給料が全部すっ飛んじゃう人もいた。そんなことでわーわーやってる。それを見てね、僕は社に帰ってから鬼の望月部長を捕まえて「僕らが業績を上げようと第一線で血眼になっているというのに、この実態はなんですか。やめさせてください」といって、やめさせちゃった。こういうの大嫌いなんだよ。だから、熱海のことでも組合に腹が立った。僕はまだコクカ飲料に入ったばかりで発言権もなかったから、なおさらだ。

そんなことがあっても、あいかわらずガラナのベースには果汁が入ったままだった。そしたら、とうとう事件が起きちゃった。北海道で年間400万本ものコアップガラナを製造するメーカーがあった。最初にガラナの試作を作った時に、僕らの感覚ではちょっと甘すぎる感じだった。でも組合の連中はみんな、この甘いのがいいんだと言ってガラナの製造を始めた。この少し甘みの強いのが北海道の寒さには合ったのだろう。全国的にみても北海道では群を抜いてガラナが売れていた。そのうち、しょっちゅう変敗するので取り替えに行くのも、売れすぎてとても全店を回りきれなくなった。その結果、工場の設備に殺菌機を入れればいいものを、代わりに保存料（＝防腐剤）を入れてしまった。今は少量なら入れてもいいけれど、その頃炭酸飲料には規定で1㎎も入れてはいけなかった。それを、背に腹は代えられないと入れてしまったのだ。その頃北海道はガラナの牙城で、コーラは立ち後れていた。大手企業は競合メーカーの製品を常に分析している。それで、防腐剤を見つけちゃった。たちまち北海道中の新聞に書きたてられ、コアップガラナはまったく売れなくなってしまった。北海道は、全国のガラナ販売の牽引役だったから大変。機関車が倒れれば客車は前に進めない。たちまち全国的にガラナは売れなくなって、北海道以外の組合員が全員作るのをやめちゃった。背中が見えていた年間1500万本という目標も、夢のまた夢になっちゃってね。うちはルノアールとの取り引きがあったからやめるわけにはいかなかったが、それ以外はまったく売れなくなってしまった。そして、ガラナ部隊も解散した。無果汁のベースを作りさえすれば、こんなことにはならずに済んだものを、役員連中が放置したものだからガラナの火を消してしまったのだ。僕は悔しかったね。ちゃんとやれば、ガラナは売れたんです。今でもガラナにはチャンスがあると、僕は思っている。

◆国会での戦い

コアップガラナの話はこれで終わるつもりだったが、もうひとつ、どうしても書いておきたいことがあるので、ガラナの話をもう少し続けよう。

ガラナのルートカーで喫茶店やボーリング場を回ってみても、けんもほろろに追い返されることは前述した。その頃、どうもこれはおかし過ぎると僕らを含めてガラナを売る側は思い始めていた。日本人が日本人を相手に商売できなくなっちゃったなぁ、変だなぁと思っているところに、奈良で事件が起こった。街にコカ・コーラの広告ポスターがべたべた貼られて景観を大きく損ねているというのだ。歴史ある日本の古都が汚されていいのか。このような日本の文化を無視した行いが許されてはならない、という機運が盛り上がった。僕達もムシロ旗を立てて抗議をしようと本気で思った。そうしたら、コーラの販売活動に問題があると、公明党が取り上げてくれた。この事案を全国で精査し、さらにはリベート問題も含めて国会の委員会で農林省の役人をつるし上げてくれた。昭和44（1969）年、当時の国会議員黒柳明さんだった。その時は僕らも傍聴に行った。黒柳さんは「だいたいコーラを輸入する時、国内のメーカーと共存共栄でいくという一札が入ってるんだ。それをなんだ」と農林省の課長連中を縮み上がらせた。資本力にものを言わせて、独占的な契約の見返りにリベートを払うというやり方を矢継ぎ早に指摘した。例えば、富士スピードウェイでは年間1億円もの寄附をして他の飲料を売らせない。当時は自動車レースに5万人、10万人と人が集まる時代だった。その観客を一社で独占している。そのかわり、1本17円のリベートがもらえるという契約になっている。サーキット側としてはとてもおいしい話で、そうやって他の飲料メーカーを排除しようとした。その他にも、後楽園には年間2000万円が支払われていた。僕達が門前払いをくらったボーリング場についても、浅草、大森、芝、磯子、関西では奈良や天理のボーリング場、兵庫の宝塚劇場、奈良ドリームランド、さらに九州の福岡市の貝塚公園と、次々に独占的な契約の例をあげ、こうした事実を農林省当局は把握しているのか、適切な指導をしているのかと追求してくれた。「けしからん」と役人を叱咤する彼の言葉に、胸のつかえが下りて、すーっとしたね。それまで自分の中に溜まりに溜まり、積もりに積もっていた鬱憤が解放された思いだった。人生の中でも忘れられない瞬間だったなあ。

さて、それで農林省は困ってしまった。コカ・コーラに何らかの謝罪をするように求めた。それで、全国清涼飲料工業会（現・全国清涼飲料連合会）が九州で工場を作る計画があるそうだから、その資金援助をするという話になった。当時の理事長だった西尾福松さんは10億円を要求したらしいが、結局、A社が2億2000万円、B社が2200万円、ビール協会が300万円を、近代化資金という名目で資金援助することになった。ところが、そのお金を工場建設に使うことなく、全国の組合に振り分けたら、地方の組合は全部使っちゃった。なにも全国に振り分ける必要はなかったのだ。まとめて大きな事業に使うほうが良かったと、今でも僕は思う。でも、中央では全国清涼飲料工業会の預かり金として7000万円を金庫に入れてあった。これを使う場合は、全国清涼飲料工業会の役員の3分の2以上の賛成が必要という規約を作った。これは賢明だった。

さらに、父が全国清涼飲料工業組合連合会の理事長になった時、組合の資金となったのが果汁の自由化による収益だった。その頃、国民に最も愛される飲料としてオレンジジュースがあった。中小の清涼飲料メーカーとしては、少しでも良い原料で良い製品を出して競争力をつけたい。ところが、国内産の蜜柑を搾った果汁では外国産のオレンジ果汁に味も香りも到底及ばないし、何より外国産のオレンジ果汁のほうが安かった。だから、オレンジ果汁を輸入して使いたいのだが、農協を票田とする農林議員からの反対で、ままならなかった。ミカン農家が困るという理由からだ。業界をあげて陳情しても取り合ってもらえない。オレンジ果汁の輸入など夢物語かと途方に暮れていた。ところが、事情を聞いた当時の佐藤栄作総理大臣が、鶴のひと声で僕達の組合に輸入割当を行なうよう指示をしてくれた。もう農林大臣なども慌てて総理に取り消すよう求めたのだが、あとの祭りで輸入許可が下りた。それで、ある枠内での輸入が組合として可能になった。これが、いわゆる自由化の始まりだった。輸入したオレンジ果汁は、全国の果汁入り清涼飲料製造業者に送られたのだが、驚くことに一番の購入者はあの農協だった。あそこもオレンジジュースを作っていたからね。まったくもって変な話でしょ。オレンジ果汁輸入自由化反対の急先鋒が、最大の顧客だなんて、驚いちゃうよ。でも、それで年間数千万円の販売手数料が組合にもたらされ、それで組合運営もひと息つけたというわけだ。

しかしながら、組合の恒常的な資金不足は相変わらずだった。そうやって少しお金が入ると、やれ宣伝費だ販促費だといろんな支部が予算を欲しがって、そのうちお金がなくなる。そんなことのくり返しだった。年々中小企業の組合員は減るばかりで、会員からの会費もあてにならない。そこで一計を案じたのが大手メーカーとのコラボだった。大手には組合がなかったので、大手と我々中小が一緒になった全国清涼飲料連合会にした。そのカタチが今日に繋がっている。

今、東京都清涼飲料協同組合は、文京区の富坂にある。それまで日本橋の堀留にあった事務所を、父がここに土地を見つけて移ってきた。移転した当初の最寄り駅は少し歩く水道橋で、地下鉄南北線も大江戸線も都営三田線もなかったから不便なところだった。当時は、そこに都の組合も全国の組合も寄り合って使っていた。そのうち道路拡張があり、80坪の土地が半分になった。7億円の補償金が入ったが、店子の全国清涼飲料工業会も権利があると1億円を要求した。その頃はまだ不景気だったから大きなビルを建てるという発想がなく3階建てにした。そこに地下鉄が次々に開通したものだから、とても便利な場所になり、今は高いビルでもテナントで埋まるほどだ。3階建てだとテナントに貸すスペースがない。僕は、資金のあるまだ今のうちに建て替えをして家賃で運営を賄えるようにしたらと進言しているのだが、どうなるだろう。中小の清涼飲料メーカーの未来を少しでも安定したものにするために、僕はそう期待しているのだけれど。

4章……調布へ工場移転

◆水を求めて調布へ

昭和40年代、東京はまだまだ個人商店などが多く、あちこちの店の前の道路は軒下も我が家という感覚で物が置いてあった。飲料水屋もご多分に漏れず、1ケース分は自分のうちという感覚で歩道にはみ出して荷物を積みあげるのが当たり前だった。道路が倉庫代わりだ。それはそれでいいんだけれど（良くないか）、問題は麦芽の搾りかすを捨てる場所を歩道沿いに作っていたことだった。ふた付きのごみ溜めだ。そこに、それほどきつく搾らない麦芽のかすを捨てる。すると、その搾りかすから汁が出て、歩道をツーっと横切って流れる。搾りかすは2日ほど経つと匂ってくる。歩道に出てくる汁も当然匂う。くさいのなんの。通行人がみんな鼻をつまんだり、苦々しい顔をして通り過ぎる。近所の人達は、石渡さんだからしょうがないと文句は言ってこない。お向かいの交番のおまわりさんも見て見ぬふりをしてくれる。でも僕は、このままではいけないと思っていた。だいたいが、工場は戦後になってから隣りから隣へと買い増しや借り増しして建てたもので、バラックが出発点でつぎはぎに伸ばしてきた。全体がバラックみたいなものなのだ。だから、こんな工場でいつまでやってんだと、親父さんに言った。こんなに他人に迷惑をかけて、こんなところでいつまで続けるつもりだよと言ったら、親父さんは「バカヤロー、ずっとやってんだよ」と怒鳴り返してきた。

だけど、工場だけどこかに移転したほうがいいんじゃないのと、僕は進言した。まだまだその頃は郊外は土地が安かったし。でも、この赤坂だって、当時はまだ坪単価100万円くらいと安かった。バブル最盛期には坪1億円にもなったけれど。親父さんは、その時は聞き流した。そうこうするうちに、地下鉄千代田線の工事が始まった。昭和44（1969）年だっただろうか、うちの真下を地下鉄が通ることになってしまった。目の前で工事が始まり道路が掘り返され、それで親父さんもようやく重い腰を上げることになった。当時の工事は、トンネル式じゃなくて地表から掘って鉄板を敷いていた。その頃長野までホップを見に行くのによく17号線を走ったが、そこも同じだった。車が通る度に鉄板はガタガタいうし、うちの前は歩道まで掘り返されていた。もう限界だ。親父さんもそう思ったのだろう。事ここに至って、僕の提案を考え直してみようということになった。

赤坂では井戸水を使おうと思って井戸を掘ったのだが、浅かったこともあり、ろくろく水

赤坂時代の工場の最後の全景。白線内が敷地。工場の解体が始まったところで、母屋がすでに壊されている。地下鉄千代田線工事の櫓が道路上に建っている。

が出なくて、水道水ばかりを使っていた。その頃はホッピーもガラナもすべてリターナブルびんだから、洗浄水が大量に要る。だから、本当は井戸水が欲しかった。なので、井戸水が豊富なところへ引っ越そうというのが、きっかけのひとつとしてあった。もうひとつ条件を付けるとすれば、交通の便だ。都心になるべく近いところがいい。それで、新しい工場の敷地を探してもらい、見つかったのが調布だった。

僕は、新しい工場は最低でも1000坪は必要だろうと頭の中で勝手に計算していた。理想をいえば2000坪くらいはほしい。だからこそ、土地のある郊外の移転を提案していた。赤坂の土地は写真の白線で囲んだところで、終戦後に隣接地をどんどん買ったり借りたりしたので合わせて30

0坪ほどあった。そのうちの100坪くらいを本社ビルの建設用地とし、残りを売って調布工場建設の費用に充てた。調布の土地は坪15万円で買った。売買の差額がそんなになかったので400坪で精いっぱいだった。調布の土地は、はじめは横に長く買おうとしたのだが、その半分が不在地主で売買できないということになり、縦長に買った。のちにその不在地主の土地は、借りることができて倉庫を建てることになったのだが。

土地の話のついでに、調布工場が稼働してからの話だが、製造工程から出る廃棄物にホップと麦芽の搾りかすがあった。両方ともだんだん量が増して、その廃棄に困ってきた。それでも麦芽の搾りかすはとても良い牛の餌になるので、近所の酪農家がトラックに積んで喜んで持っていってくれた。その中に軽トラックでやってくる仲の良い夫婦がいた。彼らは自分の土地を坪1万円で売ってしまったと、来る度に嘆いていた。ということは、うちだって2〜3年早ければそれくらいの値段で買えたということだ。そうすれば1000坪どころか4000坪や5000坪の土地が買えたのにと、こっちが泣きたくなってしまった。当時、都内から郊外に工場を移したのはうちが初めてだった。業界に先駆けて工場を移転したのだが、結局、赤坂の300坪から調布の400坪と、わずか100坪しか増えていなかった。

調布の土地を決めたのは、父の仕事を手伝っていた義理の兄だった。彼は清水建設の副社長須藤某氏と旧知の中だった。須藤氏は東大の銀時計組だったそうだ。かつて、東京帝国大学では学業成績優秀者を表彰し、天皇が成績優秀者に銀時計を授けるというのが慣わしで、いわば、国が認めた秀才ということだ。虎の威を借る狐とは言わないが、義理の兄はことあるごとに彼を引き合いに出していた。調布の土地も須藤さんが探してくれたと言われると、こちらとしてはもうぐうの音も出ない。ここにしなさいと言われれば従うしかない。本当なら1000坪は欲しいのだから、もっと郊外に足を伸ばして土地の安いところを探さなくてはダメなのに、それで手を打ってしまった。後で聞いたら、当時の相場は坪単価12万円だったのだが、それを15万円で買っている。その差額がどうなったのかは、闇の中だ。

麦芽の搾りかすには需要があったが、ホップのかすには引き取り手がいない。ふと横を見ると隣の土地は雑地で空地だ。まあ、その当時のことでお許しいただきたいのだが、こんな良い捨て場はなかった。初めは小さな穴を掘って遠慮がちに埋めていたが、そのうち気が大きくなると穴も大きくなってどんどん埋めた。そうこうするうちに不在地主の行方が分かり、正式に土地を借りることになった。ところが、整地する段になって困った。掘り起こすと、ホップは腐りにくいのでほとんどが捨てた状態で出てきたのだ。今度はその処分に往生する羽目になった。因果応報とはこのことだ。あっちこっちにできた大きな穴は、整地をした後も歪んで凹みができるので、こちらも何度も補修する羽目になってしまった。余談だが、ホップを埋めたところの雑草は背丈が3倍に伸びた。ホップはいい肥料になるのではないかと思う。ホップのかすを使って、何かに役立てることができないだろうか。

さて、整地が終わってそこへ倉庫を建てようとしたところ、地主がちゃんとした基礎工事を必要とするようなものは作らないでくれ、地上権の発生するものはダメと言ってきた。そこでやむなく下に車が付いているテントハウスにした。ホッピーが1万5000ケース置ける結構大きなものができ上がった。1ケース30本入りだから、45万本のホッピーを収容できる。ところが、完成から10日経ったところで台風が来て、あろうことかテントハウスは根こそぎ持っていかれてしまった。残ったのは、あ〜というため息だけ。寸分の隙間もない構造が原因だった。それで風を抱き込んでしまったというわけだ。そこで、所々に隙間を入れて作り直したら、布地そのものは丈夫なので、結構長持ちをして、今でも使っている。

◆運転開始でストップ

昭和45（1970）年に、創業の地赤坂から新天地の調布へと工場を移して、最初にしたのは井戸を掘ることだった。調布工場敷地のほど近くには、田んぼの灌漑（かんがい）用の井戸があって、そこは深さ10mほどだったが、水がどんどん出ていた。こちらは、ホッピーの製造にもリターナブルびんの洗浄にも使うので、大量の水を必要としていた。そこで井戸屋さんにお願いをして井戸を掘ってもらうことにした。井戸屋さんの名前は渦巻進さんといった。名は体を表すとはこのことだ。水脈を探り当てる井戸屋さんにふさわしい名前じゃないかと頼もしく思った。じゃんじゃん水が出てくるようなイメージで景気がいい。ところで、いったいどれくらい掘ればいいものだろうか。私達東京人の感覚では200〜300m掘らなければと思っていた。しかし、70mほど掘った時、渦巻さんは言った。「もうこれで充分ですよ。これ以上掘っても私達の儲けになるだけです」。正直な人だと思った。そこで井戸はそれ以上掘ることは止めて使うことにした。この井戸は今でも現役で活躍している、ありがたい井戸だ。

ところで、調布工場ができて、一番喜んだのは工場長である叔父の光太郎だった。大の釣り好きで、さっそく多摩川に釣りに行った。そして、丸々と肥った大きな鯉を2匹釣り上げ持ち帰ってきたので、さっそく鯉こくにしてみんなで食べた。それから1週間ほどして、NHKで多摩川についての報道番組があった。それによると、多摩川の水が異様に汚れていて、鯉のえらが異常発達してよだれを垂らしているという。その番組をもろに見ちゃった。食べた時はおいしくいただいたのだが、これにはびっくり。タイミングが逆なら良かったのに、食べた後の報道だった。当時はスモッグという言葉もそうだけれど、工場の排気ガスや車の排気ガスと同様に、工場廃水も家庭の廃水も文字通り垂れ流しそのものだった。隅田川ではメタンガスがブツブツと泡立ち、浅草寺の欄干は錆びて茶色になっていた。調布工場の建設はまさにこういう時期だったのだ。都心でしか暮らしたことのない私達はどこに行っても当たり前のように公共下水道があるものと思い込んでいた。工場ができて操業を目の前にして、公共下水道のないことに気がついた。もう作り溜めの製品は底をつき、待ったなしの状態だった。その時の夏は、蛙の声で耳が遠くなるほどだったが、そのくらい周囲は田んぼばかりだった。この田んぼを管理する水利組合というのがあり、まだ操業をしていないきれいな水を見せて灌漑用水路に流す許しをもらった。1年契約だった。とにかく早く機械を廻さなければという気が先に立っていた。

ホッピーは、ビール酵母を使ってビールと同じ製法で作るのだが、そもそもビールの作り方には2つの方法がある。上面発酵と下面発酵だ。上面発酵酵母というのは、乾燥酵母で袋に入って売っている。これを発酵タンクの中に入れて発酵させるのだが、酵母は上面に浮いている。それで上面発酵酵母というのだが、発酵が終わるまでの期間はわずか1週間。しかも常温でいい。誰でもできるから、明治の初期にはみんな作っていて、ビール会社が150社くらいあった。それが、明治20（1887）年になって日本麦酒醸造ができた。大々的な装置を作って、下面発酵酵母で本格的なビールを作りだした。下面発酵酵母は、当時で60日と発酵期間が長かった。しかも冷たく一定温度に保つためにタンクをジャケット付きにして発酵させていた。いわゆる装置産業だ。しかも、上面発酵よりも味がいい。上面発酵のビールはたちまち凌駕され、消えていった。光太郎叔父が醸造試験所からもらってきた酵母も下面発酵酵母だった。つまり、ホッピーは下面発酵。だから、赤坂工場時代も、装置と技術の割には、上面発酵ビールよりも味のいいものを作ることができた。赤坂から運び入れた7つの発酵タンクは、冷蔵装置のついた部屋に入れた。部屋そのものが冷蔵庫みたいなもので、室

落成式当日の調布工場。

温を低く保てる。タンクはジャケット付きではないが、これでも赤坂時代よりは進歩した。

赤坂から調布への引っ越しは、当初は3月の予定だった。それが工期が6月まで伸びてしまった。建物ができてから、赤坂の機械を移設してすぐに稼働というわけにはいかない。配線をつないだりセッティングがあるのでしばらくはホッピーが作れない。なのであらかじめ赤坂で10日分くらいを作り溜めしておいた。いよいよ引っ越しの段になったが、その年の6月は連日の雨だった。いかに梅雨時とはいえ、わずかの晴れ間はあるだろうと待ってみても、少しも晴れてくれない。そのうち、作り置いた在庫がなくなってきた。これ以上待てないというところまできて、雨天決行の引っ越し大作戦と相成った。大型トラックに機械を乗せて調布工場の敷地に入ったら、敷地の半分しか舗装してなくて、残りは未舗装。もともと田んぼだった土地だから、長雨で元の田んぼに戻っていた。トラックはタイヤを空転させるばかりで、横滑りしてどんどん隣りの鹿島の研究所の塀の方に近づく。散々な思いをして、ようやく機械を下ろし、なんとか引っ越しを終えた。しかし、ホッピーの在庫は底をつき始めていたから、そこからも不眠不休で機械が稼働できるまでに仕上げていった。

さて、1週間ほどかかってすべての機械が整備され、いざ工場の操業開始の日が来た。「運転開始！」の号令とともにメインスイッチが入れられた。次の瞬間、「あっ！」という声を出す隙もなく、水を冷やす冷凍機が真っ白に凍りついてしまった。配管に穴が空いていたのだ。じつは昭和31（1956）年頃、私はまだ大学生だったが、赤坂の工場にアメリカの全自動の機械を入れたことがあった。アメリカの機械というのでみんな胸をときめかせて、夜中に交通止めにして、大騒ぎで工場に入れ込んだものだ。洗びん機、フィラー、カーボクーラー等一式である。この時、アンモニアの入っているタンクにひびが入っていて、すぐには使えないという、今と同じことが起こった。この機械は中古も中古、捨ててあったようなものだというのを、ゼニス商会という商社の斡旋で購入したものだった。この時の轍（てつ）を踏まないようにと、今回は中古でも身元の分かる（松本にある長野コカ・コーラで初期の段階で使っていたCEM4-20という機械）もので、しかも中堅のしっかりした機械屋さんにオーバーホールをしてもらい、万全の体制で入れたはずなのに。いずれにしても、すぐにはどうにもならず、誰を責めても詮ないことであった。といって手をこまねいているわけにもいかない。窮余の一策は、なんと先に書いたアメリカ産のカーボクーラーだった。青砥の倉庫にころがしておいたものを急遽引っ張り出して用立てた。

この時に冷凍機を取り扱ってくれたのが、森田工業の北原さんだった。彼はその後うちに常駐して冷凍機関係の面倒をすべて見てくれた。こういう人が工場の中にいるというのは、とても助かる。何かあった時にすぐに見てもらえるし、必要な部品の手配などもお手のものだし。さらに、北原さんは建物の構造計算もできてしまう人で、後述するが調布工場のB棟やC棟を作る時には、その設計をすべて彼に委ねた。

どたばたした機械の話をもうひとつご披露しておこう。鳥取に青谷機械という機械屋さんがあった。塩さんという社長と父は大変仲が良かった。まだびんを手洗いしている頃、半自動の洗びん機を作ったのだがこれが割と評判が良く、父が大勢の同業者に紹介をして、それ以来のお付合いだった。しかし、評判がいいのはここまでで、塩社長は県会議員になったりして、技術の向上は二の次になっていった。

調布工場にはこの青谷製の洗びん機が、大きさは一流機械並みで、でんと据え付けられた。洗びん機には、「給びん」といって1本ずつのバスケットの中へびんを入れるところと「排びん」といってびんをバスケットの中から取り出すところがある。同じびん種を出し入れするのならこれらの作業は易しいのだが、中小企業の場合はびん種がいろいろある。細いの、太いの、背の高いの、低いのと。そこで青谷さんは考えた。びんを押し込むのではなく、自然落下式にしようと。上のほうにびんを持っていって、ウォーターシュートよろしくシューターの上を一気に滑り落とすのだ。確かにびんはバスケットに入るのだが、勢いあまって飛び出しちゃう。それを拾って再びバスケットの中に入れてやらなくちゃいけない。とんだ全自動だ。出口のほうをみると、バスケットが下がってきてびんが出かかるのだが、バスケットの角とびんの角度があわなくて、引っかかって出てこない。これも手で引っ張り出してやらなければならない。まったくもって人手のかかる全自動だった。

◆ちょこ停新工場

調布に工場を新設した時、赤坂の機械を移設したのと同時に、新しいいくつかの機械を導入した。前述したように鳥取の青谷機械から買った洗びん機もそうである。自然落下式の使い物にならないものだったが。同様に失敗作の青谷機械製といえば、まだあった。ラムネやサイダーと違って、ホッピーは酵母を使った発酵飲料なので、殺菌機が必要なのだが、それも青谷機械製だった。

殺菌といっても、主な目的は酵母の活動を止めることだ。酵母は60℃で死ぬ。びんの中で酵母が生き続けることによる異常発酵をさせないためだ。びん詰めされたばかりのホッピーの液は3℃だ。びん詰め後、これを60℃に上げて殺菌する。この工程を担うのが殺菌機である。ガラスびんごとお湯のシャワーをかけてびん内の温度を上げる。上げたら、次はそのまま自然冷却させるのではなく強制的に下げなければならない。高い温度が続くと液が劣化してしまう。つまり、おいしくなくなる。この工程は、殺菌機の中をいくつかの槽に分けて行うのだが、この時の青谷製は4層しかなく、温度の上昇、下降に無理があり、びんが破裂してその欠片が山のように生産された。やむなく同じ型のものをもう1台作ってもらい、これを縦に2つ繋いで8層で使っていた。ちなみに、現在調布工場の最新ラインにある殺菌機は、1槽から7槽まで、35℃、55℃、72℃、67℃、55℃、35℃、25℃となっている。当時の数字は残っていないが、おそらく現在に近い温度区分で殺菌を行っていたと思う。しかし、当時はまだ進駐軍のスタッピーびんを繰り返し使っていた。炭酸ガス入りの液体を詰める場合、びんには内容量1ccあたり1gのガラスが必要といわれていた。それから比べるとはるかに薄かったのである。こうした条件下で起こるのは、急激な温度変化によるびんの破裂だ。殺菌機の中で、びんはベルトコンベアに乗って前述の4つの槽を次々に通り、その都度、温度の異なるシャワーがかかるようになっている。その中でびんが破裂すると、ガラス片はコンベアのベルトの側面からこぼれ落ち、コンベアを駆動するギアの間に挟まる。それで機械が止まる。その頃、工場には「ちょこ停」という言葉ができた。機械がちょこちょこ停まるからだ。それほど頻繁にびんが割れベルトコンベアが停まった。

ひとつ目の殺菌機と2つ目の殺菌機の間にはびんの通路が必要だった。そこでステンレスの渡り板を置き、通路を作った。ひとつ目の殺菌機のベルトコンベアの終わりの部分に続くようにステンレスの板を置くと、コンベアで運ばれてきたびんは次々にやってくるびんに押されて板の上に移り、次の殺菌機へと進んでいく。ところが、ひとつ目の殺菌機の中で割れたびんのガラス片は、コンベアのベルトと板のわずかな隙間から潜り込んで板の下に溜まっていった。小さな空間しかないところにガラス片が次々にやって来るものだから、ステンレスの板はやがて溜まっていくガラス片に押されてめくれ上がった。びんにとっては目の前にバリケードを張られたようなものだ。そこで足止めを食らうものだから、またここでちょこ停となる。工員が走っていって、ステンレスの板を外し、トンカチで平らに均し、ガラス片をきれいに掃

ビーム式でびんが移動する殺菌機。

除し、また板をはめる。そんな作業を繰り返した。その後、ホッピーの生産量が上がって、殺菌機の処理能力を上げなければならなくなっていた。そんな時、南柏の飲料工場が、市街化で廃業に追い込まれてしまったという話を聞いた。何か使える機械がないかと見に行くと、なんとうちのとまったく同じ青谷製の殺菌機があったので、これを譲り受け3台連続で使うことにした。こんどは3つをつないだものだから、ステンレスの連結部は2ヶ所になり、ちょこ停もステンレス板トンテンカンもひっきりなしになった。これまた、とんだ機械の思い出だ。

殺菌機のちょこ停がなくなるのは、コンベア式ではなくビーム式でびんが移動する殺菌機を導入してからだ。サントリーのビール工場に視察で訪れた時、これを見た。ビームという梁（はり）を横に並べてこれを回転運動させることによりびんを前方に運ぶ（ちょうど、小学校の運動会の大玉送りで上に伸ばした手を前後に動かしてボールを前に送るような）、引っ張り運動ではなく回転運動による移送。前者だとびんにかかる圧力が、後者だとまったくない。したがって、破びんがない。また、各槽の湯水も梁と梁の間に隙間があるために、そのまま同じ槽に落ちるので温度のロスがない。今まで散々悩まされてきたことがいっぺんに解消されたような晴れ晴れとした気分が横溢して、その場で発注の電話を入れた。日立造船とアメリカのボルテックス社の合作の機械だった。ダブルデッキ（2階建て）で、現場合わせで1億円という条件だった。まったくもって、いい機械というのは、どこまでもありがたい。

◆思わぬ拾いものをする

散々機械にいじめられた話をしてきたので、たまにはいい思いをしたこともなくては、帳尻が合わない。ということで、次は掘り出し物の機械の話をしよう。

昭和48（1973）年、群馬県渋川市の某化学メーカーがカナダドライのフランチャイジーとして北関東をエリアとするびん詰め会社を作り事業を始めた。その頃もてはやされた事業の多角化の一環として、清涼飲料の製造販売に進出したのだ。しかし、化学製品の原材料メーカーにとってはもともと無縁の領域でもあり、事業は失敗。1年半ほどで撤退することになり、その設備がまるまる残った。それを買わないかという話がうちに舞い込んできた。聞けば、三菱重工製でまだ新品同様のピカピカの機械だという。三菱のような一流の機械はうちの工場には入らないだろうし、南柏からもらってきた3台連結のちょこ停ばかりの殺菌機とはいえ、とりあえずラインはできたのでこの体制でしばらく行こうと、この話は聞き流していた。しかし、この話を持ってきたナショナルクラウンの服部さんが「見るだけでも」としつこいので、それもそうだと思い行ってみることにした。さすがは上場会社のやることだ、1万坪の敷地に2000坪の建屋。この建屋の中に新品同様のフルラインの機械がピッカピカと光を放って鎮座ましましている。タッパ（高さ）さえ合えば何とか入るかもしれないと一緒に行った日新機械の社長は言う。急いで工場に電話をして梁までの高さを測らせた。なんとかなりそうだ！カナダドライを製造してまだ1年で、しかも20％しか稼働していないという。試運転をしただけのような機械である。洗びん機、充填機、カーボクーラー（炭酸を作る機械）はもちろん、ケーサー、アンケーサ（箱からびんをとり出す機械）も当然、デパレ（パレット上からケースごと取り出す機械）、パレタイザー（パレットに1ケーズずつ積み込む機械）、2tのボイラー、調合タンクまである。喉から手が出るというのはこのことか。値段は一式全部で5000万円。

つい先日、例の無用の長物の青谷の洗びん機をスクラップにした。1m角に切り刻んで鉄屑代として10万円。しかし、樹脂製のバスケットが山のように残った。これは産業廃棄物として処分するから15万円下さいという。あんなでかい機械を潰してみたらなんと5万円の赤字だった。その時しみじみ思い知らされた、機械というのは動いてこそ価値があり、動かない機械は二束三文にもならないと。この時の強烈な経験が、5000万円を2000万円に値切っても必ず買えるという確固たる信念を抱かせた。今にして思うと、どうして半値以下の2000万円と思ったのか不思議な感覚だったが。交渉役の義兄にその旨を伝えると、「バカ野郎、そんなこと言えるか」と一笑に付されてしまった。常識的にみればまさにそうだ。しかも、相手の足元をみているようでもあるが、確かに一理はあった。相手の会社はなにか製法の大転換をしなければならなくなって多額の資金を要することになり、遊休施設の

4層の立派な洗びん機を迎え入れた。

処分となったようだ。しかも、土地から先に処分してしまったので、上物の処分には猶予がなくなっていた。悪いことに、この機械の能力は200mlのびんで毎分440本というレベル。大手の工場なら最低600本を必要としているし、さりとて中小では大きすぎるという、まことにもって中途半端なものであった。交渉のテーブルにつき義兄が切り出した。しかし、ストレートに2000万円とは言いにくいので、「5000万円用意しました。しかし、そのうちの1000万はどこそこに、もう1000万はなんとかに、また1000万はどこそこに支払わなければなりません」と言うと、向こうの社長は「それじゃ2000万ということですか」と、出したお茶に口も付けずに帰っていってしまった。「ほら、帰ってしまったじゃないか」とがっかりした様子の義兄に僕は言った、「義兄さん、大丈夫だよ、必ずまた来るよ」。僕にはこの時妙な自信があった。10日程過ぎてついに恵みの神様は現れた。結局１００万円の色をつけて２１００万円で決着した。実際には何億という買い物なのに。そんなお金もない当社には神様のお恵みとしか言いようがなかった。機械を運ぶ際には、レッカー車のコンボイがさながら大名行列のように夜を徹して17号線を渋川から調布へ向かってにぎやかに通って行った。調布工場でも大騒ぎをしてこの大名行列を迎え入れた。懸念された収容具合も、フィラーも洗びん機も無事収まった。工場の中はだいぶ窮屈だけど、竹取物語よろしく、あっちでもこっちでもピカピカと光を放っているように見え、本当にうれしかった。

　昔の洗びん機はきれいになりさえすれば良かったが、コカ・コーラ以来、滅菌、殺菌が条件になっていた。今度のこの洗びん機も浸漬（しんし）槽が４槽になっていて、１槽はカセー濃度３％で水温50℃、２槽は2.5％の65℃、３は2.0％の65℃で、この３つの槽を順繰りに潜って、４槽目で清水で洗われたあとブラシが入り、その後また清水で洗われてでき上がりという順序だ。このブラシについては、三菱はブラシ、日立はジェットという確執が長く続いていたが、今では三菱もジェットにしている。

◆自家消防団結成

調布の新工場は2階建てで設計した。もともと狭い敷地だったこともあったが、これにはもうひとつの理由があった。細かい数字は忘れてしまったけれど、消防設備をつけなくてもいい広さというのがあり、その面積以下にするためだった。したがって、2階に上る階段は外階段にした。内階段だと1階と2階が空間的につながるので、この基準から外れてしまう。外階段にすることで1階と2階を完全にセパレートすることができるというわけだ。それで建築許可を取って工事が始まったのだが、さて、建物ができ上がったところで検査が入った。ここで問題が発覚した。

2階建ての工場だから当然製造設備は上下に分かれる。この工場では、2階に調合室を置き、そこで作った原液を階下の充填機に送ってびん詰めを行う。そのためには調合室と充填機をホースで繋がなければならない。そこで、2階の床に穴を開け、ホースを通した。ビニールホースを通すだけだから、直径5cmにも満たないくらいの穴で、しかもホースを通せばその隙間はいくらもなかった。消防署の検査員は、床にホースが差し込んであるわけだから当然そこに目が行く。で、穴が空いているのが見えちゃった。わずかの隙間にしろ、1階と2階はつながっているとみなされる。「これはダメだな」。消防署としては、この穴を見つけ

工場内のテント小屋でスタンバイしている消防ポンプ車。

てしまったからにはオッケーは出せない。穴はたったのひとつだけだ。こんな小さな穴なんだから勘弁してくださいよと懇願してみた。でも、規則は規則だと譲らない。たとえ小さな穴でも、煙や火がそこから回る可能性があるというわけだ。こちらとしては、この検査をパスしないと工場は稼働できないとせっぱ詰まっていたから、粘りにねばっていた。そうしたら、「じゃあ」と消防署員が言い出した。「ちゃんとした消防設備はいいから、ポンプを買いなさい」。消防ポンプのことだった。僕はそのありがたい申し出に飛びついた。

早速購入した消防ポンプ車は、リヤカーの親分みたいな台車に放水用のポンプとホースを積んだものだった。移動は人力、でも、工場の構内ならこれで充分だ。早速、工場内で自家消防団が結成された。ホッピー消防団だ。7～8人集まったかな。最初はどうしていいのか分からないから、消防署の指導を仰いだ。工場構内で訓練が始まった。筒先係とはホースの先端の水の出口を担当する人、他にその筒先係とポンプ本体の間の伝令係とかポンプを操作する係とか、役割が分担されていた。ひと通り指導を受けたあとは、ホッピー消防団独自で、定期的に自主訓練をしていた。これがやがて思わぬところで功を奏するのである。

1年ほど経った頃、近所の運送会社が火事になった。すぐそばの農協の消防ポンプも出動したが火は勢いを増すばかり。そこで、我がホッピー消防団が出動した。敷地を区切る有刺鉄線を勇猛果敢に乗り越え、あっという間に鎮火させてしまったのだ。消防署からの大型消防車が到着する前だった。この活躍で我が消防団は消防庁長官賞を頂いた。これには私達より調布消防署の皆さんが喜んだ。普段の練習がいかに大切かということも身をもって体験した。それからしばらくして、今度はうちの野外のびん置き場が火事になった。夕方7時頃、近所の人が駆けつけてきて燃えているよと教えてくれた。空びんなので燃えるはずはないと思いながら行ってみると、ボンボンと音を立てながら威勢よく燃えている。出火元になるなんて経験は初めてだけど、まず類焼の危険性を確かめようと周囲や風下を見回ったが、その危惧はないことが分かってひと安心した。しかし、火の勢いというものは凄まじく、そうこうしている間にも炎は炎を呼んで大きくなっていく。空きびんが入ったプラスチックの箱は石油製品だから1300℃になると石油の本性を発揮するらしい。怖いという思いが高ぶってきて、足がぶるぶると震え出した。足が震える初めての経験だった。タイミングの悪いことに、うちの消防団はちょうど団員が揃って不在で出動できなかった。町の消防団が来てくれたのだけれど、強い火勢の前では役立たなかった。それでもこの消防団が来てくれたことがどんなに心強く、ありがたく、うれしかったことか。そのうちに、やっと本物の消防車が来て消火活動が始まった。まだ火の移っていないびんの山をフォークリフトで退かしてくださいと言われ、フォークリフト4台が投入された。構内の狭いところに4台が入り交じって作業を始めたのだが、ぶつかりそうでぶつからないその見事なハンドルさばきには、消防署の皆さんも感心して見とれていた。いつも狭いところで荷の積み降ろしをしている経験が妙なところで役立ったというわけだ。火の気のない空きびん置き場で出火原因らしいものも分からないまま、子供の火遊びということでこの火事騒動は一件落着した。

うちの消防ポンプ車は、その後ポンプ本体は代替わりしているが台車は当初のまま、今でも工場内のテント小屋の中でスタンバイしている。

5章……自社製品をしっかりやらなくちゃ

◆チェリオでひと息

調布工場が稼働してからすぐ、昭和46（1971）年にチェリオの加工の話が飛び込んできた。赤坂から調布に工場を移転するにあたり、僕達が目論んでいたのはホッピーの生産の他に外部から加工を受注して、その両輪で安定経営を図るというもので、まさに、その目論見が早速実現したということだった。当時チェリオの製造元であるセブンアップ飲料の工場は国分寺の恋ヶ窪にあり、日本精工というベアリング会社が運営していた。当時チェリオは約300mlで、200mlのコーラに比べて容量が多く、部活帰りの中高生がパン屋の店先で立ち飲みしていてとても人気があった。それで生産が追いつかず、まず富士ボトリングに外注委託していたのだが、それでも間に合わずうちにも声が掛かったというわけだ。その頃、調布工場のホッピーの生産ラインは毎分60本と毎分40本の2ラインだった。合計100本だが、毎分60本詰められるほうのラインでチェリオは100本、40本詰められるラインで60本、合計160本のチェリオを詰めることができた。その理由は、チェリオはホッピーに比べると炭酸ガスの圧力が弱く、びんの形状が良いからだった。この時の充填機は以前にも書いたように、ポストミックスといって原液とガス水を別々に流し込んで打栓をしてから撹拌する方式で、撹拌機の能力は100本しかなかった。したがって、160本詰めると残りの60本の撹拌ができなかった。そこで窮余の一策、検びんを兼ねて手で一瞬逆さまに振る程度で良しとしていた。これで中身が混ざるわけがない。しかもこの充填機の欠点なのだが、入り目線(びんの中の液面)がでこぼこで、たくさん入っているものもあれば少ないものもある。こんなふざけた商品は世に通用するはずがない。しかし、チェリオさんは、お客様が中高生でパン屋の店頭での立ち飲みということもあるし、なんといっても品物を間に合わせることが最優先なので黙って引き取ってくれた。

毎日夜の10時頃まで機械を動かし1日8万~9万本を製造した。その分の報酬は、とても助かった。ホッピーだと1万5000本なので、これは大変忙しい思いをしたものだった。その分の報酬は、とても助かった。工場の基本的な経費はチェリオの加工があってもなくても掛かるわけで、そこにチェリオの加工という仕事が入ってきて、原材料を揃えるのでもなくただ材料が送られてきてそれをびん詰めして送り出すだけだから、チェリオの加工費はそのまま利益になる。これはバカにならなかった。チェリオの加工は2年続いたが、そのうち八王子にも新たにチェリオの工場ができて契約終了となった。

ところで、今では工場内の作業で欠かせないフォークリフトだが、赤坂では使うことはなく、調布へ来てから使い始めた。実は僕が調布工場のフォークリフト免許第1号なのだ。TCM（東洋運搬機）のセールスがやって来たの

現在調布工場で使用しているフォークリフト。

がきっかけだった。そのセールスマンは、破びんの細かい欠片が一杯落ちているからダメだと言っているのに、チューブ入りタイヤのフォークリフトを「大丈夫ですから」と言って勧めた。スタビライザーといって品物を上から押さえる蓋のようなものまで安全だからとしきりに言うので付けた。それを2台買った。

実際に使ってみると、品物を持ち上げる本体のツメは下げてもこのスタビは下げ忘れてしまうので、倉庫の出入り口を行き来するたび、上の縁にぶつけては入り、出てはぶつけると丁寧なことをする羽目になってしまった。地面はコンクリートではなくアスファルト敷きな

ので、フォークの後輪がすぐ穴を開けてしまう。ガラスびんの細かな欠片が混ざっているところへほとんど直角にフォークの後輪が擂り込まれるからたまったものじゃない。すぐにパンクしてしまうのだ。パンクをすると、そのタイヤをはずして近くのガソリンスタンドへ急行し、治してもらって、すぐさま取って帰るということをしていた。これは僕の担当だった。とにかくフォークを使い出したらフォークがなければ仕事にならない。その時も、いつものように息急き切ってスタンドへ行った。しかし、スタンドでは他の車のタイヤを修理していて、なかなかできそうにない。少しも時間を無駄にしたくないと、手が空いたらすぐに取り掛かれるようにチューブを出しておいてやろうと思った。エアーは完全に抜き取る作業をしなければならないことは知っていたが、特に後輪のタイヤは小さく、フォーク自体の重量も相当あるし、惨めな様相のタイヤを見るとあらかたエアーは抜けちゃっているので、このままで大丈夫のような気がして、ナットをはずしに掛かった。ナットは全部で6個付いていた。対角線上に1個2個と緩め、4個目を半分緩めたら鉄製のホイール盤がものすごい勢いで天井めがけてすっ飛んだ。反射的に首を引っ込めたがホイール盤は僕の鼻の頭をかすめていった。もう少しで顔が無くなっちゃうところだった。九死に一生を得るとはこのことだ。フォークでは思わぬ苦労をさせられた。

フォークリフトを使うということはパレットを使うことでもある。パレットとは、荷物を載せる平べったい台でフォークリフトのツメが入るように隙間が空いている。1パレット50

ケースで三段積みをする。ところが、発泡スチロール製（今はプラスチック製）とおぼしきケースが柔らかく弱いので、ちょっとした傾斜でも低いほうへと少しずつ箱が潰れていき、そのうち三段積みの山ごと傾いて、ミシーッと音がし始め、あらあらと言っている間に大音響が轟き崩落した。パレット三段重ね150ケースの炭酸飲料水だから、ボンボンと派手な音がして方々へ飛び散る。それはそれは凄まじいものだった。

フォークリフトのタイヤが高く舞い上がった時は危うく一命を取り留めたが、高いところから落ちた事もある。赤坂から調布に運んだアメリカ製の洗びん機の苛性ソーダの量をみようと、機械にはしごで昇った時のことだ。狭い工場なのではしごを垂直に掛けて一番天辺まで昇った。床からは大体3mばかりだろうか。はしごの一番上まで昇ったところで、あろうことかはしごが外れた。はしごを持ったまま僕はふわりと後ろに向かって倒れていく。はしごをいくらぎゅっと握りしめても動きは止まらない。下はコンクリートだ。どうやったって無事では済まない。落ちながら考えた、どう受け身を取ろうかと。大学4年生の時に近所に町道場ができて、そこに1年ばかり通ったことがある。だから、これでも僕は柔道初段なのだ。だから、一応黒帯だ。でも、すぐに卒業してしまったから、黒帯を締めて稽古をしたこともなければ試合をしたこともない。そんな初段だ。そんな僕だが、受け身はできる。梯子とともに床に落ちてゆく僕は、床に落ちる寸前、とっさに半身に構えた。左のお尻のほっぺのところで受けて、骨がやられないようにして、肘から手で床を叩いた。お尻が痛いだけで、頭を打つことも、脊髄をやられることもなく他はなんともなかった。この経験があるので、後年、僕が小学校のPTA会長になった時、小学校の卒業式で、卒業生に向けていつもこう言った。「あなた達は中学校に行ったら、ぜひ柔道を習ってください。投げなくていいから、投げられてください。必ずいいことがあるから」。

命拾いした話は、他にもある。大学1年の時、19歳で車の免許を取ってすぐの時のことだ。ちょうど餅菓子屋をやっている従兄弟も免許を取ったばかりで、彼を訪ねて話していたところに、近所の自動車修理工場の若い工員が2人やってきた。クルマ談義に花が咲きドライブに行きたいねと話していたら、お店に客がやってきた。僕らの話を聞いて、「オレの車を貸してやるよ」と言う。その人は、ナッシュというアメ車に乗っていた。これはうれしい、ぜひ貸してくださいとお願いをして、僕らは約束の日、弁当を持って集まった。しかし、車は貸してもらえなかった。当たり前と言えば当たり前。免許取り立ての若造に大切な車を気軽に貸すモノ好きが、そんなに簡単にいるはずがない。しかし、すっかりその気になっていた若者達の気持ちはおさまらない。当時はドライブクラブといっていたレンタカー屋で車を借りて出かけようということになった。しかし、ドライブクラブの車はほとんどが既に出払っていた。1台だけ残っていたのが、トヨタのトヨペット・マスターだった。ラジエターから水が漏れる。運転席の窓は半分しか開かない。トップギアは時々外れる。それでもいいなら乗っていってもいいよと店はいう。今なら、そんな車を貸してしまったら大問題だろうけれど、僕らはそれを借りて箱根に向かった。その頃はまだモータリゼーションの黎明期だから道は空いている。とにかく前に車がいたら追い越せ、追い越さなかったら、なにモタモタしてんだとみんなはやし立てるから、夢中になって追い越す。そうすると向こうから対向車が来る。正面衝突しそうになって、キャーなんて言って、生きた心地がしない。修理工場の工員達は普段から車を使い慣れているので、運転が荒いのだ。それでもなんとか無事に箱根の芦ノ湖に到着した。

帰り道、箱根からの下りの運転は僕に交代した。その頃はまだエンジンブレーキなんてこともよく分かっていない。ギアをトップに入れたまま下っていたら、そのトップギアが抜けてしまった。車はどんどん加速する。カーブが近づく。ブレーキを踏み、ハンドルを左に切ったが、車は右に真っ直ぐスリップしていく、このままいけば箱根の谷底だ。もうダメだと思った。いくらブレーキを踏んでもスリップして止まらない。当時のガードレールは鉄板ではなくただの木の板。そんなの簡単に突き破って谷底に落ちてしまう。これはもうこの世とおさらばだと思った瞬間、なぜか、崖スレスレ、30cm前で止まった。上ってきた対向車に接触して止まったことが分った。あの時、木のガードレールを突き破っていたら、今の僕はいない。

もうひとつは、結婚して都立大から調布の工場へ車で通っていた時に起きた。狛江まで来ると踏切がある。正規の広い踏切とその横に幅の狭い踏切があって、僕はいつも狭い方を通っていた。その踏切は狭いから、車が1台しか通れない。なので、こちら側と対向車とが暗黙のうちに、向こうの番が終わったらこちらの番と交互に踏切を渡っていた。それで、その朝も、僕の番が来たので、すーっと乗り出して行ったら、向こうから来てしまった。順番も守らずに。だから踏切の真ん中で鉢合わせだ。バックするにも、次の車が詰まっていて戻れる余地がない。僕はその時中古で買ったコロナに乗っていた。こんな車だし、いいかと対向車を先に通してやることにして片輪を踏板から砂利の上に落とした。対向車が通過できたので、今度は自分の番だ。元に戻ろうとしても線路は案外高い。踏み板の下まで下がったタイヤが上がらない。少し勢いをつけてみてもダメだ。バックならなんとかなるかと試してみたが、それもダメ。そのうち、前にも後ろにも進めなくなってしまった。その時、踏切の警報が鳴り出した。駅に近い踏切なので、僕の車に気づいた駅員が発煙筒を焚いて大きくカーブしている線路の先まで走っていく。周りではみんな見ている。まだ家と工場が赤坂にあった頃、アルバイトの学生達と車の持ち上げっこをしたことがあった。車の前のバンパーを持ってどれくらい持ち上がるか、みんなで代わるがわるやってみるのだが、思いのほか車が持ち上がった。意外に車は軽いという印象があった。それで、僕はドアを開け、固唾を飲んで見ている連中に「ちょっと3、4人、手を貸してくれませんか」と呼びかけた。呼応して数人がたちまち駆け寄ってくれ、片輪を落としている側を持ち上げてくれ、続いて後ろに回って押してくれ、車は無事に踏切を渡り終えることができた。それからしばらくは、その踏切を渡ることはしなかった。

時代が前後するが、もうひとつ車がひっくり返ったのを思い出した。大学生だった時のことだ。ドライブクラブでルノーを借り、4人でドライブに行った。僕が運転していたのだが、曲がり角でブレーキを踏んでハンドルを切ったら、亀みたいにひっくり返った。そんなにスピードを出していないのに、何がなんだか分らない。ルノーはリアエンジンなのでそのせいかもしれない。中の4人は怪我もせず、みんな窓から這い出してきて、亀になった車をわっしょいわっしょいと起こした。それで、そのまままたドライブを続けた。

これは、最近のことだけど、千葉にゴルフに行った時のこと。田舎道を走っていたら、左から自転車がふらっと道を横切るように出てきた。こっちも見ないで飛び出してくるから、ブレーキを踏んでも間に合わない。咄嗟にハンドルを切って自転車と平行になり、自転車をかわしてから元に戻った。対向車が気付いて止まってくれたから、衝突もせずに済んだ。それが叙勲のちょっと前。いくら相手の不注意だとしても轢いていたら叙勲はなかったと思う。

◆チェリオの次は健康酢

清涼飲料水でいちばん怖いのは酵母菌で、普通のフレーバー飲料（サイダー、ラムネなど）

でもこの酵母菌がひと粒でも入ってしまうと、4~5日経ったところで変敗して白濁してしまう。変敗とは、食品が本来の性質を失って食用に耐えない状態になること。当社はそのいちばん怖い酵母菌を培養していて、その恩恵にあずかっている工場なのである。当社製品を製造する場合は全品を内温60℃で殺菌している。ところが外資系の飲料メーカーは一切熱をかけてはいけないという。砂糖を溶かすのも、お湯を使わずに水溶きである。当時はまだ化学甘味料などは無く砂糖、それもグラニュー糖を使っていた。グラニュー糖はさらさらとした味覚が良く、それに熱をかけてしまうと上白の砂糖に戻りべたべたの甘味になってしまうから熱は禁物だという。せっかくの高価なグラニュー糖が台無しになってしまうと。皆さんは覚えておられるだろうか、以前に書いたのだが、鶴見の加藤さんに勧められてアメリカから全自動の機械を買ったことを。その時、加藤さんの親戚で長谷川さんという方が日本初のコカ・コーラ工場である芝浦工場に勤めていて、定年退職後加藤さんのところでお手伝いをしていた。調布工場ができた時、この長谷川さんに来ていただき、色々と教えていただいた。上大岡のお宅までお迎えに行き、午後5時になるとお送りしての毎日だった。普段は優しい腰の低い好々爺だったが作業衣に着替えて工場に入ると一変して、それはそれは厳しい指揮官に早変わりした。その長谷川さんが、チェリオの件については低圧で痛みやすい製品だから（炭酸ガスには抗菌性があり、ガス圧が高いほうがその効果は高まるのだ）注意してやりなさいよと・・・本音はやらないほうが良いですよと注意してくださった。しかし、僕には初めに立てたこの工場の運営方針通り実践してみたい気持ちの方が強く、チェリオ加工をすることに踏み切ったのだった。いつ不良品が出るかそれはびくびくものの毎日だったが、工場が新しく、ラインの汚染もないうちだったからなのだろうか、作るそばから売れていく回転の良さからなのか、とにかく不良品を出すことなく、無事に推移していった。

ある日、素晴らしいトラックが入ってきた。荷室の左右の壁がまるで鳥の羽を広げたように折り畳まれながら左右同時に上がっていくのだ。パレットごと積み降ろしができてロープも要らないウインドトラックというらしい。素晴らしいな、早くうちもあんなトラックを使うようになるといいなあと、本当に羨ましく思った。それがある時、やってきたトラックがいつものようにウイングを上げ、びんが見え出したところで、な、なんと中味が入っているではないか。あ、やっちゃった、ついに不良品を出しちゃった、この先どのくらい出るだろう、今後の生産はどうなるだろうと、良からぬ予想が次々と頭の中を駆け巡った。しかし、なんということ、これは当社の製造品ではなく、チェリオ本社の製造のものだった。良かったぁ！現金なもので、今度は安堵の気持ちが胸一杯に広がっていくのだった。もう忙しくてやり繰りがつかなくなっちまってうちに持ってきてしまったのだろうが、連絡もなく謝罪のひと言もなく、まあチェリオさんの周章狼狽ぶりが目に見えるようだった。

昭和47（1972）年の夏は、それはそれは暑い夏で毎日茹で蛸になっていた。そんなある日、チェリオの常務がやって来た。昼夜兼行、24時間態勢で製造してもらいたいと切り出した。その当時まだ工場のまわりは田んぼで環境的には可能だったが、スタッフが同じメンバーしかいなくて作業員もそんなに急には集まらない。人の手当てをそちらでしていただけるならと申し上げても、そうもいかないらしい。しかし、粘り腰が強く何時間経っても帰ろうとしない。こんな工場でもここまで頼りにしてくれていると思うと僕は心の底からうれしくなってきて、ここは男気を出してやれと、誰に相談したってやれっこないのは分っていたのだが、この話を引き受けてしまった。常務はどんなに喜んだことか、小躍りをしながら帰っていった。あとに残った僕はさあ困った。誰にどう話せばいいのだろう。その日は誰にも話さずに夜が明けた。朝から雨が降り出した。それは次第に本降りになっていき、2日、3日と続いた。そして、猛暑はどこかへすっ飛んでしまった。常務からはなんの連絡もなかった。僕の男気だけが残った。

チェリオを初めて3年目の春、八王子に新工場を作ったからもういいよとチェリオ側から通告があった。こちらとしては事業の大切な片輪なので、「もう少しやらせてください。あの時見せた私の男気に応えてください」と頼んだが、あっけなくチェリオ加工の仕事はなくなった。この時、僕は深く思った。外部からの委託を受けた加工の仕事は、つくづく怖い。先方の都合だけで仕事があったり無くなったりする。これからは、やはり自社製品に力が備わるよう努力しなくてはならない。ホッピー販売に力を尽くすのは、それからまもなくのことだった。

結局2年ほどでチェリオの加工が終わったが、まだまだホッピーが売れていない頃だったので、さてどうしよう、チェリオに代わる仕事が何かないかと思っていた時に、その頃体にいいヘルシービネガーという謳い文句で流行っていた健康酢加工の話が舞い込んだ。1・5Lの紙パックに詰めるという作業なのだが、その頃ちょうど森永のジュースで同じサイズの加工をやっていた。手動での作業だが、そのためのちょっとした機械もあったから、お誂え向きとばかりに引き受けた。それで、しばらくすると5月、この時期は食品衛生局の工場検査というのがある。なんだか、毎年必ず工場を見回りに来ては、あれこれと目を光らせては細かいことを言ってくるので、ちょっと怖かった。それで、この時は工場をひと回りして、何かを持ち帰った。工場見回りからひと月も経たない頃に、衛生局から連絡があった。「5日間の営業停止を命じます」。あわてて衛生局に飛んで行った。なんで営業停止なのかちっとも分らない、理由はなんですかと聞いた。すると、「お前んとこから徴収したものに、天然ゲルマニウムっていうのが書いてあった」と言う。確かに、健康酢の箱には天然ゲルマニウムという記述があった。衛生局の担当者は続けた。「調合室に天然ゲルマニウムと称するものが置いてあった。これを証拠品として持ち帰った」と言う。「それがどうしたんですか」と尋ねると、「天然ゲルマニウムというのは、例えば、温泉の中に溶け込んでいるようなものなんだ。こんな結晶になるようにしては取れないんだ。こういうふうになるのは人工のもんなんだ。天然じゃないんだ。それを天然と称するのは詐欺だ」と勝ち誇ったように言う。「でもこれ、私が作ったんじゃないんですよ。材料として渡されたものです。加工を委託されて、ただうちは詰めてるだけなんだ。だから、そういう罪であれば、これを委託してきた方にあるんじゃないんですか。向こうに言ってくださいよ」と僕は訴えたが、けんもほろろに「お前が悪いんだ」と取り付く島もない。もしそれが不当表示だとしたら、表示したところが悪い。それは、加工を依頼してきた健康酢の発売元であって、うちじゃない。そんな道理もこの役人は分らないのかと頭が沸騰する思いだった。しかも、あとでうちで健康酢を担当していた永田という社員に聞いたら「添加物がいっぱいあって、あんまりあるからゲルマニウムなんて入れなかった」と無責任なことを言う。だから、ゲルマニウムの現物が残っていて、それを持ち帰られたわけだ。なんだか話がややこしいが、これを入れておけば、食品衛生局が持ち帰ることもなく、こんな事態にはならなくて済んだということになる。

それはともかく、そんな不当な罪のために5日間の営業停止になるのは、とてもじゃないが許せない。これは、不名誉というよりも、営業停止が執行されると社歴に残ってしまうことが父に対して申し訳が立たないと僕は思った。なんとか取り消してもらえないかと思案した。まず、地元の保健所に相談した。昭和45（1970）年に工場を移転して以来、調布保健所とは良好な関係を築いてきたつもりだった。何か会合があれば必ず出ていたし、慰安旅行にもお付き合いして同行した。当時、榮太樓總本鋪とキユーピー株式会社が同じ保健所の管轄で、特に、榮太樓總本鋪の検査部次長のEさんとは懇意にしていた。Eさんは人徳があるのか、保健所を交えた宴会になると、所長以下所員がこぞってEさんのところに挨拶にくる。僕はEさんの隣に座っているから、僕とも挨拶を交わす。そうして保健所とは親しくしていたというのに、営業停止の件で相談に行き、この理不尽さを訴えても、衛生局に対して何も働きかけてくれなかった。こちらが訴える事情を分ってくれるなら、駄目元でもひと言ぐらい口添えしてくれるのが当たり前だろうに、ただ傍観しているだけ、我関せずの知らんぷり。

もう頭にきちゃって、保健所は頼りにならない、自分でなんとかするしかないと思案を巡らせた。相手は都の衛生局だ。都の役人と渡り合うなら、都議会議員だ。その都議会議員に知り合いがいることに思い当たった。向島に僕と腹違いの姉がいて、その彼氏が五十嵐省吾という都議会議員だった。彼は昔から僕を可愛がってくれていた。それを思い出し、今度の件で相談に乗ってほしいと打診した。ちょうど彼は入院中だったが、わざわざ病院から出てきて、僕にも都庁の応接室に来てくれと連絡があった。都庁1階の応接室に伺うと、五十嵐先生がすでに座っておられる。それに対峙して衛生局の役人が座っていた。促されて僕が五十嵐先生の隣に座るやいなや、五十嵐先生は「君は出世コースを歩んでる期待の人材だと聞いている。ところで、あの件だけど」「私の机の上にあります」「よろしく頼むね」。僕がその場で聞いた会話は、それだけだった。たとえ盗聴されていたとしても、これじゃなんだか分らない。小説や映画では読んだり観たりしているけれど、実際にもこうやって物事は進んでいくのか。依頼した身でありながら複雑な思いとともに、印象深く記憶に残ったのだった。後日、5日間の営業停止は取り下げられた。本当に安堵したね。会社を守るためには、僕はなんでもやる。その覚悟があった。ちょっとアンフェアかもしれないけれど、理不尽に対抗するための手段としては許されるのではと思っている。そのことを、僕と僕の会社の歴史として残しておきたいと思う。

思い出したので、もうひとつ、歴史の中に入れておきたいことを書いておこう。静岡県に江戸時代から続く福泉という醸造会社があった。うちのホッピーが売れているのを知って類似品を作った。醸造会社だから、ホッピーまがいのものは作ろうと思えばわけなく作れる。それで、ミックスという名前で、ビールの小びんに詰めて売り出し、本社のある富士市から、東海道線沿いに島田まで、各駅の酒屋に置いていった。静岡という土地は、街に居酒屋が少なかった。なので、みんな酒屋の店先で立ち飲みする。スルメとか缶詰を肴に酒を飲んでいたのだが、そこにミックスを売り込んだ。飲み方はホッピーと同じで、ミックスで焼酎を割って飲む。これが売れたそうで、福泉としては大いに気を良くし、設備を増設して生産拡大を図った。さらに、アルコール入りにすれば手間も省けてもっと売れるだろうと、アルコール入りのミックスを「ライオン」という名前で売り出した。これはもう、ビールと同じようなものだ。ところが、これがさっぱり売れない。ぱたっと売り上げが止まり、この失敗が祟って会社は倒産してしまった。福泉は酒類の製造をやめて、1万坪あった敷地は半分売って、みりんなどの調味料だけの会社になった。それで、僕のところにあとを引き継いで欲しいと言ってきた。何を引き継ぐのかというと、ミックスを売っていた酒屋への卸しを引き継げということだった。僕は了解して、まず、在庫になっていたビールの小びんを確か100万円で買い取った。それにホッピーを入れて、ミックスを卸していた酒屋を訪ねた。「ミックスのあとを引き継ぎますので、ホッピーをよろしくお願いします」と。福泉の尻拭いではあるけれど、ホッピーの販路を広げるという意味ではとても意義があると思い、コツコツと売り歩いた。ライオンのために、福泉では大規模の醸造設備を導入していたのだが、それももう不要だということで、使えるものがあったら持っていってくださいという。しかし、あまりに大きくて、うちの工場にはとても収まらない。残念だけれど断念した。

後日談だが、娘の美奈がうちに入社してきて初めて新製品にトライしたのもアルコール入りのホッピーだった。僕はライオンの失敗を知っていたし、美奈がどうするか見守ることにしたのだが、最終的には成功とはいえなかった。ホッピーは、やはり、ホッピーのままがいいのだろう。

◆新しいびんを探せ

チェリオの加工を断られた時に、他社任せの加工の仕事ではなく、やはり自社製品をしっかりやらなくちゃいけないとつくづく思った。それで、僕はどうしたらホッピーを伸ばせるか、考えに考えた。そして、びんを新しくすることに決めた。実は驚くなかれ、ホッピーはその時点まで進駐軍が使っていたびんを使っていたのだ。昭和23（1948）年から48（1973）年まで、なんと25年間もの間ずっと。スタッピーボトルというもので、スタッピーとはびん型の名前。今のホッピーのびんと同じで、茶色く肩が張ったものが主だった。茶色だけじゃなく中にはグリーンやブルーもあり、なで肩のものもあった。しかも、一番困ったのは高さが2㎜違うものが混じっていたことだった。

この2㎜の違いは、ホッピーの製造工程で作業を増やす。特に充填機では大いに問題がある。高さが一定じゃないとガスが漏れてしまうからだ。充填機では、ノズルをびんの中に入れて、中のエアを抜いて液を入れる。その際、密閉状態にしないとびんからエアを抜けない。びんの高さが違うとびんの中がうまく密閉状態にならないのだ。だから、空びんの高さを揃え、数がまとまったところでラインに流し、充填していた。キャッパー（王冠打栓機）も同じで、高さが決まっていないと王冠がぎゅっと閉まらない。だから、びんの高さの差に合わせてライン側の機械をそのつど調整していた。これがまず手間のかかることのひとつ。それで製品として出荷するわけだけど、空びんが工場に帰ってくるとサイズがまぜこぜになっている。で、びんを見ながら手でより分けなくちゃならない。びん選り（よ）という仕事だ。2㎜の差は目視でだいたい分るようになる。僕も含めてみんなでこの作業をやった。ずいぶんと手間のかかる作業だったけれど。

それともうひとつ、ラベルの問題が空びんの洗浄工程で問題になっていた。その頃は、スタッピーボトルに紙のラベルを貼っていた。いまの55ホッピーとほとんど同じラベルデザインだった。この紙ラベルがしっかり貼ってある。洗う時は洗びん機の中でラベルが取れて、浮いてくる。それを団子状に集めて機械の外に排出する。ところが一般の洗びん機はそういう装置がない。だから、ラベルがはがれて、浮いてくずになる。くず状態で苛性ソーダの槽の中を浮遊する。びんは苛性ソーダの中に浸しておくから、びんの中にもそのゴミが入ってしまう。だから、一般的にラベル付きびん用の洗びん機は別作りになっているのだが、中小の清涼飲料メーカーにはそういう機械はない。うちも昔、手洗いでやっていた。ソーカーという半円形の装置の湯船みたいなところにお湯がはってあり、その中にびんを入れて、半円形のところどころに区切りの板が何枚かついている箱状のものを回転させるとびんが動いてラベルがはがれる。はがれたラベルは手で取り除き、それからびんにブラシをかけていた。とても手間のかかる作業だった。

そんなこともあって、とにかくホッピーの売り上げを伸ばすためにはまずびんを変えるのが絶対条件だと僕は思った。ところが、新しいびんを作るなど中小企業ではとてもできない。みんなびん問屋から既成のびんを買っていた。うちは石浜内外ガラスという大阪が本社のびん問屋から仕入れていた。そこの大山さんがうちの担当だった。僕はともかく自前じゃ新し

やっと巡り合えた360mlのびん。

いびんを作れないから、「大山さん、こういった格好のびんを探してきてよ」と頼んだ。日本のどこを探しても見当たらない。実際使っているところなどない。大山さんが「そんなのありませんよ」と言うのを、何度も頼んだ。僕もないんだろうなと思いながらもしつこく頼んでいた。ここは生命線だから、何とか探してもらわなきゃいけないと思っていた。そうしたらある時、「ありました！」と大山さんがびんを抱えてやってきた。僕は見惚れましたよ。「いいびんだねぇ、これは」。そのびんは今のよりも肉厚だった。どっしりしていて素晴らしいびんだった。「あった！」。まさかあるとは思わなかったというのが本心だった。でも、現実に目の前にある。よくぞ探し出してきてくれたと思った。最初に声をかけてから見つかるまでは1年くらいあったと思う。どうしてもなけりゃ、親父さんに言って金型起こして自前のびんを作るっきゃしょうがないと思っていた。あの当時はびんの金型が何千万円といわれていた。でも、工場も作ったばかりで、何しろお金がなかった。

大山さんが探し出してくれたびんの内容量は360mlで、これまでのホッピーと同じ。願ってもないジャストサイズだった。こんなびんを中小が作ろうったって作れないようなしろものだ。そこで、大山さんに聞いた。「いったいどうやって手に入ったの?」。じつは某大手ビール会社さんの海外輸出用のビールびんだという。だから国内には1本も出回っていない。ホッピーさんがそんなに欲しいのならお分けしましょうと言ってくれたという。ただしひとつだけ条件がついていた。びんにプリントをして使って欲しいというのだ。僕はラベルのことでは前述のように洗びんの工程で苦労していたので、願ったり叶ったりの条件だった。「じゃあびんにプリントして使わせてもらいます」とこちらは快諾をした。それで簡単に、それまでのラベルを模してびんのプリント柄にした。今のリターナブルびんのラベルデザインは、じつは僕の作なのだ。デザイナーにデザインしてもらうまでもなかった。

◆びんの次は箱だ

新しいびんを手に入れ、そのびんに刷り込んだ言葉については後日談がある。昭和56（1981）年、ホッピーが日産20万本に達した頃のことだ。それくらい売れてきた頃に、突然、公取（公正取引委員会）から呼び出しがきた。いったい何事だろうと公取を訪ねたところ、びんに印刷してある文言についての注文だった。その頃ホッピーのショルダーフレーズとして、びんには「麦酒様清涼飲料」という文言が書いてあったのだけれど、この麦酒様というのが紛らわしいから取れというのだ。紛らわしいって、なんて言い草だと僕は思ったけれど、「プリントびんだから取れないんですよ、これ」と返事をすると、削り取るか、上から何か貼るか、何とかしろ、でなければ売っちゃいかんと、居丈高にいう。こんちくしょうと思った。中小企業をこうやって責めるのか役人は。でもそこはぐっとこらえて妥協案を提示した。「じゃあこうしましょう。今よく売れてますんで、今出回っているのはどんどん終びん（使用を終わるびん）にします。それで次に作る新びんからそうさせてください」。この提案に、向こうもそれならそれでいいと言ってくれた。「あーよかった」と胸をなで下ろした。

それで、新しいびんからは、表記が単なる「清涼飲料水」になっちゃった。なんだかつまらないとは思ったけれど、しょうがない。それからしばらく経って、ほとぼりが冷めた頃に

「麦芽発酵飲料」が記されたラベル。
デザインは石渡光一自身によるもの。

僕は一計を案じた。一度睨まれているびんにもう一度「麦酒様」と入れるのはなんだから、「発酵」って入れたらどうだろうと。その頃、ホッピーは発酵させて作っているんだといっても信じない人が多かった。だから、なんとか発酵という言葉を入れようと思いついた。それで、「麦芽発酵飲料」という文言を刷り込むことにした。そうすれば、麦芽という言葉も入るし（しかも麦芽100%なのだ！）、発酵させているというのも分るし、麦芽発酵ということで、麦酒と同じように作っているよとも言えているし。こっちの方がよっぽどいいや。公取がつけてきた難癖が、あとになってうまいこと着地して、災い転じて福となすというわけだ。

それまで、僕は散々いやな思いをしてきた。お酒を飲んでいる場に行って、隣の席で、「ホッピーは何から作っているか知ってるか？あれはな、ビールの粕で作ってるんだ」という話をしているのをしょっちゅう聞いてきた。ビール粕という言葉が言いやすいもんだから、聞いた人がまた次の人に言う。そういう伝言ゲームで誤った話が広まっていった。そうして、ホッピーはビール粕から作ったという話が定評になっちゃった。なんでそうなったのかと考えるに、ホッピーは安いし、まさかちゃんと作っているとは思わなかったのだろう。その当時は味もまだまだだったし。ちゃんとホッピを使って、発酵もさせて作っているなんて誰も思わなかった。でも、僕はそれが悔しくって、それで発酵という言葉にこだわった。ぜひともその文言をびんに表示したいと思った。そういう思いが入ったびんなのだ。僕の怒りと共にね。

びんを新しくしたこと、紙ラベルからプリントびんにしたことで、生産性はずいぶん上がった。びんの高さが揃ったので、びんを選り分ける作業がなくなった。充填する時の準備の時間がいらなくなった。紙ラベルじゃなくなったので洗びんが圧倒的に楽になった。いいことづくしだ。

で、びんはできた。次は箱だ。その当時使っていたのは木箱だった。箱の大きさは、びんが隠れる高さがあり、びんの頭が箱からはみ出ないので重ねて置ける。内側に仕切りはなく、6列かける5列の30本入り。箱に詰める作業は手作業だった。赤坂時代、父はよくトンカチと釘で箱を直していたのを覚えている。縣（あがた）という木箱屋さんがあって、足りなくなればそこに父が電話してその都度「100箱持ってきてくれ」と注文をして取り寄せていた。ところが、よく見ていると、だんだん使っている板の厚みが薄くなっているのだ。厚みがなくなると強度が落ちる。そこで箱屋さんは帯鉄を巻いたりしてごまかす。その帯鉄も材質が悪いから、すぐに錆びて千切れちゃう。そうすると箱の底が抜けちゃうから、「ホッピーの箱は怖いよね」と言われていた。僕自身も配達していたのだが、その頃棒積みといって10段積みをやっていた。一番上に箱をボンと乗っけた時底が抜けたらもろにびんを被っちゃう。これは危険極まりない。それで、僕は縣箱屋を呼んでこれからは規格品にしてくれと注文した。底板10㎜、脇板8㎜、これでやってくれ、値段は今まで通りでと。箱屋さん、その場ではいはいと承知したのだけれど、箱ができ上がって持ってきたのを見ると、今までと同じ薄さなんだ。底板は10㎜もない。で、注文通りになっていないと言うと、「それはですね、のこぎりの目というのがあってですね、10㎜のところにのこぎりを当てるとそれより薄くなるんです」などと屁理屈を言う。規格というのはそういうことじゃない、仕上がり寸法を伝えたのにそうなっていない、こんなんじゃ引き取らないよと突き返した。そしたら顔色変えて、困っちゃいますと困惑するから、少し憐憫の情をくれてやり、「じゃあこれでいいや、ただし帯鉄だけ巻いてくれ」と言った。その後はこのお灸が効いてきちんとした箱を作るようになった。だけど、木箱だから、使っているうちに傷むし汚れて真っ黒になる。なんとかプラスチックの箱にしなきゃなぁと思い、そこで、また、大山さんに頼んだ。ホッピーの新しいびんを見つけてくれたあの大山さんだ。

「大山さん、今度は箱、見つけてきて」。大山さんも、また始まったよと大いに困ったことだろう。大山さんがようやく見つけてきてくれたびんがぴったり入る、30本入りのプラスチック製の箱。そんなもの、どこにあるだろうと大山さんは思ったに違いない。僕だって、いったい日本のどこにあるのか想像もつかない。だいたい30本入りなんていうのは特殊で、普通は24本入りだし、ビールびんの箱は20本入りと相場が決まっている。30なんて中途半端な数は絶対にない。注文しておきながら絶対なんて言っちゃったけれど、まあ、普通はない。しかし、そういう箱を新たに作るとなると、金型の費用がかかるし、ロットもあるだろうからたくさん作らなくちゃいけない。そこでまた、びんの時と同じように、「ありませんよ」「もう一度探してきて」の応酬を繰り返すことになった。

◆箱が見つかった

大山さんが見つけてくれた新しい360mlのリターナブルびんを30本入れられるプラスチック製の箱。この困難な探し物もやはり大山さんを頼るしかなかった。「見つかった?」「ありませんね」そんなやりとりを何回か繰り返したあげく、とうとう、びんの時と同じようにまた、「ありました!」と大山さんがやってきた。待てば海路の日和あり。「どこにあった?」と訊ねると、福岡でミネラルウォーターを売っている会社だという。360mlのなで肩の透明なびんを入れるケースで30本入り。径はホッピーのびんとだいたい同じだという。それですぐ取り寄せてもらって、ホッピーのびんを入れてみたら、高さといい太さといいぴったりだった。箱の底には十文字に仕切りが入っていて強度もある。こんなにホッピーにお誂え向きの箱はない。自分で作ったってこんないい箱はできないと、僕は大いに喜んだ。し

360mlのびんを30本入れられるプラスチック製の黄色い箱。

かも、いくつでもお使いくださいというではないか。ありがたく使わせていただくことにした。今にして思えば、ミネラウォーター屋さんが使うのは普通なら段ボール箱なのに、よくぞプラスチック箱を使っていてくれたものだと思う。その会社もびんはリターナブルだった。だからプラスチック箱が必要だったのかもしれない。

箱は黄色だった。そこへ赤い字でホッピーってなるべく目立つように大きく描いて、それで出荷し始めたら売り上げがぐんぐん伸びていった。この箱を料飲店の店頭に積んでおくとよく目立つのだ。それだけでもディスプレイ効果があり、えらい宣伝になったのだと思う。その当時、ホッピーは酒屋を通さず料飲店に直接売っていた。毎日配達できないので、店はまとめて仕入れないといけない。15ケース置いてってなんてことになるから、店の中には到底入りきらない。だから、営業時間中は店の前に積み上げていた。これが大いに宣伝になった。その箱が今でも使っている黄色いプラスチック箱だ。作ってもらう箱屋さんは変わったけれど姿形は同じで、色も同じ黄色のままだ。

びんを詰めた箱はトラックに積んで各地域の店に運んでいた。その頃は酒屋を通さず、うちからダイレクトに料飲店に納めていたから、僕もトラックを運転して運んでいた。まだ工場が赤坂にあった時代に、僕は父に提案した。「2トン車でちまちま運んでいるんじゃなくて、普通免許で運転できるなかで一番大きい4トン半を買おうよ」。だが、4トン半を導入した当初、運転手達は、誰もやりたがらない。4トン半だと250ケースと、それまでの倍積めるのだけれど、2トン車ばかり運転してきた連中だから、車が大きいことを恐れたのと、それだけ苦労もするということで敬遠した。しょうがないから、4トン半は僕がハンドルを握ることになった。それで足立区の宮本商店、大塚飲料さんへ配達した。やってみたら、大きい車は運転が楽だった。小さい車ばかりのところに、頭を突っ込むとみんな譲ってくれるから、追い越しなんて訳ないんだ。そうはいっても、僕がいつまでも4トン半にかかりっきりになってもいられないので、4トン半に限り歩合をつけてみた。そうしたら今度は我先に4トン半に乗ろうとするんだ。「今日は俺の番だよ」とハンドルを握るのを争っていた。現金なもんだ。しかし、その頃はフォークリフトがなかったので手積みで10ケースずつ棒積みにして25列の山を作った。プラスチック箱になる前の木箱の時は箱が滑らないので車の荷台の上で余計な手間がかかった。

この4トン半ではちょっと悲しい思い出もある。調布工場で運転手を募集したのだけれど、なかなか人が来なくて、ようやくひとり来てやれやれと思った。ところが、そこで事件が起こった。

前述した福泉の事件があったちょうどその頃、同業者の静水社さんが、「うちでは使えないから、持っていっていいですよ」というので、新品のプレートクーラーをもらった。プレートを合わせて、冷たいものと熱いものを交互に流すようになっていて、端からぱーっと通していくと、熱いものが冷たくなって出てくる。非常に効率がいい日阪製作所製の熱交換機だった。日阪製作所といえば熱交換器では日本のトップメーカーだが、そこのプレートクーラーが、しかも新品でもらえるなんて、夢のような話だ。その頃、うちは「あとパス」といって、びんに打栓をしてから殺菌をしていた。殺菌機では、これまでずっと苦労してきた。3台つなげて、破びんで止まってという話は以前にした通りだ。だから、僕は喜んで譲り受け、工場長の光太郎叔父の元に飛んで帰った。「叔父さん、これで前殺菌やりましょうよ。充填する前に原液の段階で殺菌しちゃえば、あとパスがいらない。作業効率は良くなるし、破びんの心配も減る。こんないいことはないでしょう」。そしたら、いつもは慎重な光太郎叔父が、ばかにあっさりと、そうだな、そうしようかと言ってくれた。しかもテストもせずにだ。魔が差すとは、こういうことをいうのだろう。テストもなしにいきなり生産ラインの中に入れちゃった。それで、でき上がったホッピーは、見た目なにも問題なくて、殺菌もうまくいってそう。これはいいやと思っていたら、5～6日経ったところでホッピーが濁ってしまった。殺菌ができていないのかというとそうじゃない。トループというのだけれど、冷たくなると凝固するタンパク質というのがあって、それが溶け込んでいて、冷たくなると凝固して出てきてそれが濁りになる。温めると溶け込んで見えなくなるということなのだろうけれど、よく分からない。これを除去しないと、5〜6日後に、表面に出てきちゃう。それを対処しないで取り除かないまま出荷してしまった。見た目はなんでもないからと思って納品すると、3日くらいして電話がかかってくる。「濁っちゃったよ」。「じゃあすぐお取り換えします」と走っていって交換して帰ってくると、また電話があって、「濁ってるよ」。それで、また取り換えに出かける。その繰り返しで、もうくたびれることこの上ない。どこに行っても平身低頭。ひたすら頭を下げて謝って、新しいホッピーに取り替え、変敗したホッピーを引き取って帰る。普通は、新品を卸しに行けば、帰りは空びんを積む作業だから軽いのだが、引き取りの作業は落ち込んだ気持ちも加わってどっしりと重さも倍増する。平塚駅前の大きな酒問屋で、ホッピーをよく売ってくれていた店があった。ある日、その店に採用したばかりの運転手を連れて僕が取り換えに行った。社長の長沢さんが優しい人で、電話がかかってきて出向くとトラックいっぱいの返品がある。入れ替える作業をしている僕達を、そんなに怒らないで黙って見ていてくれる。身が縮む思いで取り替えに行っているこちらとしては、とても助けられた。作業しながら見ていると、僕がトラックから下ろしたホッピーを自分の車に載せて配達に出かける。社長の椅子にどっかり座ったままなんてことはなく、「俺の持ち場だから」と自ら動く人だった。毎日変敗したホッピーを交換しに行くのはとてもしんどい作業だったが、こうして優しく対応していただくところがあると、オアシスのように感じたものだった。しかしながら、その時、ホッピーってなんて重いんだろうと思った。先日納めたのがほとんどそのまま残っている。それで、代わりのホッピーと交換するのだけれど、まず、前に納めた商品を倉庫から引っ張り出してこなくちゃいけない。中身が入っているから重い。それをトラックに積むのに、新しく持っていったホッピーをトラックから降ろさなくちゃいけない。空いた荷台に不良品を積み込んで、新しいのはきちんと倉庫に納める。これが、えらい手間なんだ。本来しなくてもいい余計な仕事だから、気持ちもがっかりしている。だからなおさら、すごくくたびれる。それを、入りたての運転手にも手伝わせたら2日で辞めていっちゃった。まだ45歳くらいの働き盛りの人で、せっかくようやく雇えたというのに。僕は二重にがっかりだった。

変敗の理由が分らないままだった。熱で凝固するタンパク質を取り除くとしたら濾過器なんだけれど、それではない。どう考えても分らないので、新品のプレートクーラーはよして、昔の青谷のパストライザーに戻した。すると、変敗は治った。僕はもう怖いから、これ以上は生産ラインをいじるのはやめて、触れないでいた。それからはずっとパストライザーで通した。それから数十年経って、この前新しいホッピーの新しい生産ラインNEO48ができたのだけれど、その工事の頃よくよく聞くとそこではプレートクーラーを使うことになっていた。そこで、ドイツKHSの日本ブランチの社長でNEO48の責任者である鈴木豪郎氏に聞いてみた。「鈴木さん、僕は昔プレートクーラーを使って前殺菌をした時にうまくいかずに失敗した。でも、あとに殺菌するパストライザーだと濁らなかった。瞬間殺菌、いわゆるフラッシュパスだと濁りが出たんだけど、NEO48ではどうですか」。「大丈夫です。濁らないですよ」と鈴木氏は太鼓判を推してくれた。今のフラッシュパスは、濁らないんだ。昔はどうして濁ってしまったんだろう。いまだに僕にはその謎が解けない。あの時 、今の機械があったら、あんな苦労はしなくて済んだのにと、つくづく思う。

6章……店を出そう

◆三三九開店

ホッピーの売り上げを伸ばすにはどうしたらいいかと考え、まずびんと箱を新しくした。次は中身だと思っていたところに、ホッピーをたくさん売っている繁盛店の噂が耳に入ってきた。ホッピーの売り上げを伸ばすヒントがそこにはあるはずだと、早速店を訪ねてみた。

小田原の柳屋がその店だった。噂は本当だった。60人ほどの店は満席で、ビールを飲んでいる人は1人もいない。みんなホッピーなのだ。これには僕もびっくりしちゃった。ホッピーの注文を受けてから作る、店の人の手際の良さは見とれるほどだった。グラスを並べて、順番に焼酎を注ぎ、栓を開けたホッピーを数本まとめて持ち、同時にグラスに注ぐ。注ぎ終えるとまるで計ったかのようにぴったりでなみなみとしている。お客さんの目の前で、カウンターの上でこれをやってみせる。それはひとつの芸ともいえるもので、そのパフォーマンスも店での楽しみのひとつになっていた。飲んでみるとスピリッツのアルコールの感覚がピッとくる。これが、ホッピーのうまさなんだと僕は思った。この味はと店のおばあちゃんに聞いたら、「私はお酒は飲めないけどね、味は分るんだ。ホッピーほど焼酎割りでうまくできるものはないから、ありとあらゆる焼酎を試して、どんな味が生まれるか研究したの」という。そして、あんただから教えてあげると、そのレシピを伝授してくれた。まず焼酎は亀甲宮（きっこうみや）。そんな焼酎あるの？と僕は聞いた。今でいう「キンミヤ」のことだが当時は誰も知らなかったんだ。「それの20度と25度を半々にして、90cc入れる。それに200mlのホッピーを注ぐ。それがうちのホッピー」とおばあちゃん。僕はなるほどなぁと思った。僕らが工場でいくらうまく作っても、ホッピーを飲ませる店でおいしく出すことが大事なんだ。消費の末端を研究しなくちゃダメだ。よし、じゃあ自分で店をやろう。そう思った。ホッピーの味の開発の一環として自分でやらなくちゃいけない。そして、繁盛する柳屋を見ていて思った。これだけ流行るのだから、ホッピーの味だけではなく、他にもお店経営の秘訣が何かあるはずだと。柳屋は豚のモツを扱っていた。つまり、トンモツ。柳屋の人達のように韓国の人はその味のつけ方が独特でうまい。日本人がまねしようとしてもなかなか難しい。それに、メニューのひとつであるチャーシューみたいなものが、僕にはなんだか分からなかった。

ところで、柳屋では200mlのホッピーを使っていた。これにはわけがある。そもそもホッピーは進駐軍の空きびんがたまたま360mlだったので、通常サイズはそれだった。ホッピーが売れだして、それならとアイディアマンの父はお子様・ご婦人用として200mlサイズを作った。こちらには少し甘みをつけてそのまま飲んでおいしいようにして、ホッピーと言わずに「ビアレスビアー」として売り出した。だが、売って歩くのはホッピーを焼き鳥屋などに卸しているいつものメンバーだ。同じところに持って行っても売れやしない。本来はセールスする先を変えなければいけないのに、同じ店に持って行った。そりゃ売れないよ。売れないもんだから、すぐにやめちゃった。でも空びんは残る。じゃあ、この空びんに本来のホッピーを詰めて小びんとして売ろうと、それで200mlのホッピーができ、1ケース40本で売っていた。いわゆる、これがホッピーの小びんだ。それを、柳屋はひと晩で10ケースも空にしていたのだ。つまり、1日400本も売れた。そんなに入れる店は他にはなかった。今でも柳屋に行くと、厨房の柱に栓抜きが固定されていて、そこに栓をあてがうと簡単に抜けるようになっている。それは、腱鞘炎になるほど栓を抜かなくちゃならない店主の窮余の一策の名残だ。それくらいホッピーが売れていたということだ。

当時うちには深川出身の調子のいい社員がいた。その社員に店長をやらせよう。そこまで柳屋にいる間に頭に浮かんだ。店の名前もすぐに決まった。当時TBSのテレビドラマで「ありがとう」というのがヒットしていた。その劇中劇で三三九(さんさく)という名前の焼き鳥屋が出てくる。ありがとうだから「サンキュー」、それで三三九ということ(店長は児玉清、妹役が佐良直美、他に山岡久乃、水前寺清子等）。それを勝手に使わせてもらって、店の名前につけちゃった。もし5年経って店があったら、ドラマの出演者を店に呼んで宣伝に使っちゃおうと思っていた。

三三九の場所は、杉並区堀ノ内にした。そこにはうちの土地があったのだ。もともとうちは赤坂という都心のど真ん中にあり、問屋さんにはそれぞれに均等距離で対応できるという地の利があった。ところが調布に移転してからは、都心の渋滞を突っ切っていかなければならない。そうなると時間もかかるし燃料代もかかる。なので、どこか都内にデポを持とうよと、僕は当時事務方をしていた義兄に持ちかけた。都内からなら赤坂時代と同じように配送できる。でも、そんなに大きな土地は買えない。それで、ごく気休めに杉並の堀ノ内に30坪ほどの土地を更地で買って、そこに掘建小屋みたいなものを建てた。当時、更地のままにしておくと税金が高かったからだ。その小屋には、シャンメリーという、シャンパンを模した清涼飲料を入れていた。シャンメリーはクリスマス商戦にせいぜい3万本が売れる程度のものので基本的には手売りの商品だった。ところが、ある時都下の酒問屋から大口の注文が入った。返品なしでお願いしますよと出荷したのだが、売れるのはクリスマスの1日だけ。売れ残りを大量に返品してきた。しょうがないから、その杉並の掘建小屋に積み上げて1年置き、次のクリスマスに売ろうとした。ところが、シャンメリーに使っていた栓の製造元は殺菌用には作っておらず、うちも殺菌なしで作っていたので、在庫するうちに変敗していた。他にも倉庫を借りて在庫していた分を含めてすべて廃棄処分となり、大打撃を受けた。それでシャンメリーはよしちゃったので、堀ノ内の土地も稼働していなかった。というわけで、店の場所は確保できた。

◆モツ焼きで大当たり

小田原の柳屋でもそうだったが、都内のいろんな店を視察してみると、豚モツのモツ焼き屋でホッピーがよく売れることが分かった。その中でも屠殺場から直接仕入れている店が特に繁盛していた。自分で取りに行ってつぶしたばかりのやつをその場でもらってきて、店に戻って捌いて始末して売る。この方法でいこうと思い立ち、芝浦の屠殺場でモツを捌いている人を紹介してもらい、その方から直接仕入れさせてもらった。朝8時頃行くと、屠殺したばかりの豚モツをさかんに捌いている。フランスではモツ料理は高級料理だが、日本では余分なものとして放り出す。「ホールモン」だからホルモンというのだと、もっともらしいことをいう人がいる。油と血でつるつる滑る床の上を恐る恐る歩きながらMさん（捌き人）のそばまで行って「タン何枚、ガツ何枚、レバ何枚、ハツ何枚、シロ何枚、ツナギ何枚」と言って仕入れて来る。店へ帰ってから仕込みにかかる。クシにさすのが手間だった。

店は深川出身の社員I君を店長にして他に2人、合計3人体制でやろうと思っていた。1

人は社員の奥さんで、働き者でテキパキとしていたが、どうしてもあと1人を雇える計算が立たない。そこで、僕が店に入り、仕入れ、仕込みから焼き場までをやることにした。カウンターの中に入って、「いらっしゃい」とやるのは苦ではない。いよいよ開店の時には、おいしいホッピーを出す小田原の柳屋にお願いしてその日1日だけ指導に来てもらった。料理も教わったのだが、気になっていたチャーシューみたいなものはガツ、豚の胃袋だった。普通は1時間位しか煮ないので硬くて食べにくい。それは煮足りないからなのだそうだ。2時間ボイルすると柔らかくなる。それがコツなんだと教わった。これを味噌ダレか酢醤油で食べるとうまい。これは、のちに、今はなき赤坂尻臼に伝えたところ、一番の人気メニューになった。レバサシは特に鮮度が物をいう。問屋仕入れだといつのものか分からない。つぶしたばかりのものはぷりんぷりんで張りがある。直の仕入れと問屋を介した仕入れの大きな違いがここにある。串焼きも肉を大きめにしてレアで焼く。タンなんかは鮮度のいいのを食べたら最高。こういう鮮度のいいモツを売り物にすれば、メニューをやたらに増やさなくともお客さんは来てくれるし、何よりロスが出ないのが良いと自信満々で開店した。モツの料理の仕方を習ったのは、開店日のその日だけ、修行も何もなく店を始めたのだが、売り上げはともかく、手軽に素人でもすぐできるということで1年経ったら三三九はなんと15軒に増えていた。色々な料理は要らない、モツのうまいのだけあればいい、そうすればロスも少なく、誰でも店を始められる。そんなモデルケースとして始めたのが、ズバリ当たったというわけ

開店日を迎えた三三九。

三三九の前で。上段右から2番目が筆者、右から4番目がI君。

だ。ところが、肝心のうちの店は流行らなかった。ともかく店の周りに人がいない。雨でも降れば、猫も歩いていない。閑散としている場所で、ここで店が繁盛すればどこでも流行るはず、そういって頑張ろうと思った。そんな辺鄙な場所だったが、近くにタクシー会社が3社あった。さらに小田急のバスターミナルも。

客が少ないので、店の売り上げとしてタクシー会社を当てにしていた。運転手は夜の12時頃に上がり、洗車をして次の人に渡す。それが終わると夜中の1時頃一杯飲みに来てくれるのだ。それが、そうはいかない。どんどん遅くなり、2時をまわり3時になってもまだ来ない。タクシー料金が値上げになり、売り上げが落ちて遅くまでやらないと帰って来れなくなったからだと分かった。向こうが明け方までなら、しょうがない、ウチも明け方までやるかと営業時間はどんどん延びていった。本当は夕方から店を始めて12時頃終わりたいんだけど、売り上げが上がらないから付き合わざるを得ない。翌朝の7時までやって、やっと7万円売れた時は本当にうれしくて万歳万歳と小踊りしたものだ。だけど、寝る暇がなくなった。店が終わったらすぐに仕入れに行かなくてはならない。それで、そのまま店長の運転で芝浦まで仕入れに行く毎日だった。僕は毎晩ホッピーを10杯は飲んでいた。お客さんのおごりで、店の売り上げのために体を張っていた。そのおかげで、毎日いっぱい飲んでいると、今日はうまい、今日はうまくないと味が分かる。工場には、当時仕込みの責任者に滝沢君というのがいた。それで僕が電話する。「タキさん、今日のホッピーはうまくなかったよ」と言うと、彼は「分かりましたか」と言う。詳しく聞くと、出荷に間に合わなくて、発酵を省略したという。７日間発酵させるところを６日にして仕上げたというのだ。それでは味が悪くなるのは当然だ。

そうこうしているうちにも、三三九は次々に店舗を増やしていった。中には、お菓子屋さんが店を改装して三三九を始めるところもあった。仕入れもそれらの店が代わるがわるやるようになった。仕入れには朝の９時には芝浦に行かなければならないが、次第に僕が行かなくても済むようになっていった。

店を始めて１年は三三九にかかりきりだった。慣れないことをしている苦労というのは感じなかった。それよりもうれしかった。希望が持てた。ホッピーはこれから売れていくぞという思いを強く持てたからだ。小田原の柳屋がいい例で、こういう店が１店あれば、ホッピーは売れる。そういう確信に近い思いがあった。それは、実際に我が身を動かしてホッピーの店をやり、お客さんの喜ぶ顔を見ることができたからこそ得られたものだった。

ある時、芥の会という劇団の若い人達が私を訪ねてきた。池袋の公会堂で芝居をするのだが、ホッピーの箱とかびんや提灯を小道具として使いたいので貸してもらえないかというのだ。ああいいよと貸し出した。で、芝居当日に親父さんを連れて観に行った。そうしたら、焼き鳥屋の場面で、なるほどホッピーの小道具が必要だったんだなと思った。さらに、幕間ごとに舞台監督が出てきて、「ホッピーを作るには、焼酎５勺にホッピー入れて」なんてホッピーの飲み方の説明をしてくれた。親父さんも喜んでくれて、僕もすっかりうれしくなった。「親父さん、若い人達がこんなことをやってくれる。だから、これからホッピーは売れるよ」と言った。その時の僕の予感は当たった。昭和50年頃だが、そこからホッピーは本当に売れてきた。

「お店は直売で目処がついたから、今度は設備だ」。僕の頭の中ではスイッチが切り替わっていた。ホッピーが売れて、工場の生産設備を増設しないと間に合わなくなってきたからだ。それで、I君に僕は工場に帰るからとあとを頼んだ。堀ノ内の三三九の借り入れも全部返し終わっていた。ちょうどその頃、近所のタクシー会社の所長が飲みに来ながら土地を売ってくれないかとしょっちゅう言ってきていた。裏がちょうどその会社のモータープールになっていたからだ。30坪を2000万円で買うというのだ。2〜3年前に600万円で買った土地だったので、心が動いた。ましてや調布工場の設備増強には金が要る。その頃僕は、三三九があと5軒できて合計20軒になったら株式会社組織にしようと頭に描いていた。しかし、父はともかく、周りの雰囲気はなんとなく冷ややかで、直営店をやる意義を理解してくれなかった。実はこの当時は大変な求人難で、調布工場から三鷹の職安まで何度足を運んでも1人も紹介してもらえないので、止むを得ず高齢者職業紹介所に行って72歳、73歳の方2人に来てもらうことにしたり、また、一方では心身障害者の学校へ行って2人の生徒を紹介してもらったりしていた。そこで考えついた求人の方法が、工場で5年働いてくれたら三三九の店を出せるという案だ。僕は1人で良い案だとほくそ笑んでいた。しかし、600万円と2000万円の差が、僕の気持ちを売却の方に大きく傾かせてしまった。

◆三三九でのでき事

三三九を任せていたI君は根っからこういう商売が好きで、店を続けたいと言って泣いてきた。当時彼は経堂で奥さんと女の子2人で幸せに暮らしていたが、この家を一旦売って調布の工場の近くに居抜きの2階家を買い、2階が住居、1階が店ということにして、調布で三三九を続けさせることにした。3〜4年辛抱してくれれば、住居だけの家に引っ越しさせる自信はあった。

ところが、好事魔多しである。I君とは昔から親しい不動産屋のXという男がいた。このXが三三九を欲しくなり、I君を抱き込みにかかって来た。「お前が店の立ち上げから関わって苦労しているのに、こんな一番ちっぽけな店で何をやっているんだ。俺が物件を紹介してやるからもっと大きな店に引っ越せ」というのが殺し文句だった。西調布の駅に近いが前店と瓜二つという、どこがもっと大きな店なのか、そんな店にI君は引っ越していった。しかも前の店を売ったお金は、この店用に買ったリフトとかに使われてしまって、なんと家賃を払っているという話だった。僕の再三の忠告や警告もまったく上の空で、このXの舌先三寸の毒牙にすっかり侵されてしまっていた。それでもI君は俺の店だ、俺の店だと言って少しも疑っている様子がない。経堂の立派な家を売って始めた店がこんなことになるなんて奥さんと子供達への申し訳なさが先に立ったが、僕も若かった。無性な腹立たしさと悔しい気持ちがその場の捨て台詞となって、僕は三三九を手放してしまった。それでも会社から近いこともあってこの店にはちょくちょく顔を出していた。ホッピーはうまいし、I君の大雑把さがモツの味を引き立て良い味を出していた。三三九自体は経営が変わってからもモツを仕入れに行く手前、当初は三三九会としてまとまっていた。しかし、みんなで串さししても、クシさし料1本いくらとピンはねするのをはじめ、Xの所業はすべてがえげつなく、人の心はどんどん離れていって、やがて三三九は自然消滅してしまった。

I君はその後軽い脳梗塞を患い、例の深川っ子の切れの良さはなくなってしまったが、それでも店には立っていた。ある日Xが店内を改装するから一寸の間出てってくれと言った。I君にこれは君を追い出す為の口実で二度と店に戻れないよと言っても、そんなことはない、これは俺の店だといつもの調子で聞く耳を持たない。やがて、とうとう僕の予言通りになってしまい、I君は行方知れずになった。そのあと、ある人から静岡の方で亡くなったと聞いたので三三九発足当時の何人かで集まり、生前彼が自慢していた菩提寺の寺内大吉の寺でちょっとした供養をした。彼が経堂の家を売って始めた三三九の店は、今でも北沢さんという方が当時のまま経営を続けている。

三三九でのでき事を幾つか思い出した。ある時、出入りの豆腐屋さんがポスターを張らせてくれと言ってきた。民謡の先生でテイチクレコードのプロだという。そのうちぼつぼつと民謡好きのお客さんが来て、酔っ払うと民謡を歌い出して店内がにぎやかになった。演歌も歌詞集を置き、にぎやかに歌を唄わせた。今思えばカラオケのはしりをやっていたようなものだ。僕も謡の練習のつもりで民謡をやってみようと思い、仲間に入れてもらい、いつの間にか後援会長に祭り上げられていた。ある時、10周年のお祝いを中野サンプラザでやりたいと言い出した。さあ大変だ、キャパが2400人もある上に民謡じゃ人が集まらないとマネージャーは言う。中野の同業者のT君は鶴田浩二の司会者と親しくて、その人を通してコロムビア・トップさんとも親しくしていた。その司会者とトップさんに出演をお願いしたら快く引き受けてくれた。9人の問屋さんには切符の割当までして集客に努めた。当日、中野駅を下り白亜の殿堂に恐る恐る近づいていってみると結構な行列ができていて、ようやく胸をなでおろした。

トップさんはその後司会者協会を作った。ここでいう司会者とは歌手の紹介をする人のことで、前奏が始まって歌い出すまでの短い時間に、歌手の情感を盛り上げ素晴らしい歌が唄えるように名調子の口上をする。僕は突然そこの会長に据えられてしまい、大いにとまどった。ある時、トップさんの息子さんの結婚式と披露宴の案内状が来た。当日行ってみると、なんと主賓席に案内された。誰か知っている人はと見渡すと隣のテーブルの人がひょっと立ち上がった。「昭（しょう）ちゃんじゃないか」。地獄に仏とばかり夢中になって子供の頃から呼びなれている「昭ちゃん」が口をついて出てしまった。昭ちゃんは、終戦前うちの3軒隣にあったゑびす寿司の長男坊で佐藤昭といった。僕の死んだ兄貴が秀昭といって、この兄貴に面影を重ねて昭ちゃん昭ちゃんと親しんでいた。トップさんがおいおいこれはうちの社長だよとびっくりしていたが、昭ちゃんは牧伸二と泉ピン子の会社の社長であった。

7章……生産量増で発酵タンクをどんどん増設

◆3tタンクつっかえ棒

以前に書いたように、昭和45（1970）年にホッピーの工場は赤坂から調布に移転した。その時に発酵タンクも赤坂で使っていたものを移した。それはステンレス製600Lで、脚が付いておらず床に直置きするタイプで上蓋もなかった。おまけに側面は一重。本来ならば側面が二重構造になっていて、その間に冷却水を通す、いわゆるジャケット付きであるのが一般的だ。この600Lタンクではダメだというのは素人目にも分かった。赤坂から持ってきたそのままのタンクで、当時は穴を開けたゴムホースをタンクの上部にひと巻きして水で冷却しているだけなのだから。水は水道水だから、そんなんじゃ夏に冷えるわけがない。夏と冬では水温差が大きい。このタンクを使っている限り、赤坂時代と変わらない。せっかく新しい工場を作ってもこれでは意味がない。それで、ちゃんとしたジャケット付きのタンクを作ろうと思った。調布工場の工場長は父の弟、光太郎叔父が務めていた。叔父に発酵タンクの新調を進言するが、叔父は取り合ってくれない。「赤坂時代の600Lのタンクだって、なかなか買ってもらえなかった」と叔父は言うのだった。

光太郎叔父は、戦時中ハルピンで乗っていた車が爆破され足に傷を負い復員してきた。父はそんな光太郎叔父の面倒を見た。大森に家を建て、大森のマーケットで電器商を営ませた。しかし、マーケットが大火に見舞われ、店も焼失した。焼け出された光太郎叔父を今度はホッピー製造を手伝わせるために、王子の醸造試験場に通わせた。修了間際にノンビアの試験醸造をした際には、先生も舌を巻くほどの腕を叔父は身に付けていた。そんな叔父だから、調布工場建設の際も工場の設計に一切ノータッチだった。叔父はお金のかかることに口出しするのを自ら戒めているようだった。調布へ移転したばかりで金策に走る兄に、これ以上の負担をかけさせたくないという思いもあったのだろう。

しかし、僕は僕で、せっかく新しい工場でホッピーを製造するというのに、それも部屋全体が冷蔵庫になっている発酵室を作ったのに、そこに置くのが旧式のタンクのままではダメだという思いは強く、それならば、自分で設計図を書こうと思った。だが、基本的な知識もない。そこで、一計を案じた。叔父と正式に面と向かって話をすると息苦しくなってしまう。しかし、車の中だったらお互いに前を向いていて顔を見合わすことがないので、気楽に話ができるのではないだろうか。良い案が浮かんだと僕は思った。

「叔父さん、明日から車で送り迎えしますから朝お家へ迎えに行きます」。叔父は喜んで快く受け入れてくれた。叔父は新坂に住んでいた。今でいえば赤坂8丁目、カナダ大使館の裏手だ。叔父はそこから毎日不自由な足をおして坂道を上り降りしながら調布まで通っていた。毎朝都立大から新坂に迎えに行き、そこから調布へと叔父を運び、夕方5時になれば再び新坂まで送り届ける日々が始まった。まだ高速が開通する前なので、結構長い時間叔父と色々と話ができて、思わぬ貴重な時間が持てたのだった。「発酵タンクというのは元来どういう格好が理想的なんですかね」と話しかけ、発酵タンクの構造はどんなふうにすれば良いのか色々聞き出した。タンクには蓋を付けて密封し、床への直置きではなく脚があって、温度管理のできる二重構造のジャケット付きの発酵タンクにする。「ブラインタンクを備えて、そこで作る冷却水を発酵タンクのジャケット部に送り、回収してまた冷やすというように循環させる。発酵は常に10℃をホールドして10日なり2週間なり置く。それで設計図を書いた。作ってくれるタンクメーカーに当てがなかったので、これも叔父から聞き出して、新光製作所というところに依頼した。発酵タンク屋さんではなく、なんでも富士フイルムの設備を作っているところとのことだった。担当の山下さんと叔父が懇意だった。タンクの話をすると、良いですよとすぐに引き受けてくれた。発酵タンクを入れる冷蔵室はすでにできていた。その部屋に入れるのに一番適した大きさを決めた。僕は目一杯ギリギリの大きさにしたかった

調布工場に並ぶ3tタンク。

ので、3tタンクを7本作ることにした。

タンクの製造を依頼したところで、工場を作った建築会社にも話を持っていった。「あの部屋に3tタンクを7本入れても大丈夫ですか」。ちょうど僕の義兄などと麻雀をしていた建築会社の担当は、牌を切る手も休めず「ああ、大丈夫だよ」と僕を見ないで言う。計算もせず、簡単に安請け合いするものだから、こちらは「じゃあ、作りますよ、良いですね」と念を押した。やがて、発酵タンクができ上がってきたので、再び連絡を入れてみた。「いよいよタンクができ上がってきたので、2階の部屋に入れますよ」と言ったら、急に慌て出した。どうせ作らないだろうとタカをくくっていたのだ。もしタンクを作るなら、僕ではなく義兄だと踏んでいたらしい。「お前みたいな下っ端ができやしないよ」と思っていたのが見え見えだった。「ちょ、ちょっと待ってくれ」と言うから、僕は「だから、あれほど念を押したじゃないですか。こちらはもうタンクができ上がっているんです。どうしても入れますよ」と踏み込んだ。そしたら、慌ててやってきて1階につっかえ棒をかませて補強した。工場はできたばかりだったが、もともと600Lのタンクを数本入れる程度に見積もっていたらしい。600Lが7本として12・4t。3tタンク7本だと21t。5倍以上の負荷がかかる。構造計算を根本から見直さなければならない数字だ。麻雀をしながら生返事で済む話ではない。僕としては地震が怖かった。何せ合計21tの真下で人が作業しているのだから。万が一下敷きにでもなったら大変なことになる。せっかくの3tタンクだが、なるべく満タンにしないように使えと指示しながら稼働させていた。その後大きな地震が来ても建物が崩落することはなかったが、今でもそのつっかえ棒は半ば見せしめのごとく、そのままある。この3tタンクを思い切って導入したことが、ホッピーにとってはひとつのエポックになった。味が向上し安定したのだ。新しいびんと箱と、中身を新しくするという僕の理想が実現した。三拍子揃ったところで、ホッピーの評判は上がっていった。

◆窮余の一策、四角い発酵タンク

赤坂工場時代、発酵タンクは細長い廊下のようなところに横に一列になって並んでいた。

笑い話で、酵母菌より雑菌が多いくらいと言っていたが、その頃のホッピーは僕が飲んでもホコリ臭かった。

新しい3tの発酵タンクができ上がってきた時はうれしかった。床に直置きじゃなく脚がちゃんとついていて、それが冷蔵室にぴったり収まった。入り口が小さかったので壁を開けて搬入したのはわずかな誤算ではあったけれど、それから生産量は一気に5倍増となった。当面これで需要には十分対応できた。全部で21tだが、その頃はまだそれくらいの余裕があれば十分だった。発酵タンクは新調したが、仕込みタンクと煮沸タンクは赤坂時代と変わらなかった。肝である発酵タンクを新しくきちんとしたものにしたことで、ホッピーの味は良くなり安定した。そのため、売り上げは徐々に伸びて、昭和53（1978）年には新しく発酵棟（B棟と呼んだ）を作ることになった。今度も発酵タンクの製造は新光製作所の山下さんに頼んだが、新しく作る発酵棟の建設は別の建築会社にした。調布工場移転時の冷凍機トラブルの際、解決してくれた北原さんが工場の裏手に北原設備という会社を作り、その社長になっていた。彼は冷凍機屋さんなのだが構造設計から自分でやる優秀な人で、発酵室も彼に設計してもらった。それで、今度は17tタンクを6基増設した。またしても、生産量が5倍になった。やがて、それでも足りなくなり、それからわずか3年後の昭和56（1981）年には37tタンクを4基増設することに決めた。これはさらに増築したC棟に入れることにした。円柱形は普通なら円柱形だが、僕の発案で四角にした。四角いタンクは強度が問題になる。円柱

スペースの有効活用をした四角の発酵タンク。

形と違って圧力が均等にかからない。また、洗浄時には洗浄液が均等にかからないなど難点もある。洗浄時には、人が入って手で洗うことにした。四角い形にしたのは、スペースの有効利用を優先したからだ。狭い敷地ゆえの苦渋の選択だった。しかし、それで発酵上問題が生じたわけではなく、今でも問題なく使えている。ただ、壁にぴったり設置されているので、タンクの外壁を洗う時に人がそこまでは入れない。そこは掃除の専門業者に定期的にやってもらうことで解決した。

発酵タンクを増設したのは、ホッピーの需要拡大で、発酵のローテーションが間に合わなくなったからだ。ホッピーには約2週間の発酵・貯酒が必要だが、そんなにのんびり置いておけないほどホッピーが足りなくなる事態になっていた。そこで発酵と貯酒を1日ずつ削った。それほどまで需要が増えて供給が間に合わなくなっていたのだ。問題は発酵を1日短くしたことだった。十分に発酵させないために、ろ過の段階で問題が起こった。珪藻土（けいそうど）でろ過するのだが、通常なら透き通ったきれいなろ過ができるはずが、何度珪藻土を通しても濁りが取れない。ろ過の担当者にこれじゃダメだよというのだが、逆に「何度やってもクリアにならない」と反論された。止むを得ずその状態でびん詰めしたのだが、やはり味は良くない。その頃、赤坂にホッピーを置いてくれる店が増え始めていた。しかし、僕はこんな状態のホッピーに自信がなかった。店に行ってホッピーを頼むのだがおいしくない。「これはまずいぞ」と、二重の意味で思った。発酵時間の足りなさは、やはり味に出てしまう。これは問題だと思っているところへ、ハイサワーが台頭してきた。37tタンクを昭和56（1981）年に1基導入したところで、ホッピーの売れ行きがピークになった。

その頃、もうひとつ、タンクの失敗話がある。大きすぎた煮沸タンクの話だ。ホッピーを作る工程順でいうと、まず、麦芽からエキスを抽出する仕込み槽で大元の麦汁が作られ、ろ過機を経て煮沸タンクにやってくる。ここでホップが投入されて、沈殿層を経て発酵タンクに行き、酵母を加えたら貯酒タンクで熟成されるというのがホッピーを作る流れだ。その中で、煮沸タンクは3tの容量のもの3基でやっていた。それでも間に合わなくなって、その頃工場長だったT氏が「社長、10tタンクを作ってください」と言ってきた。いっぺんに10t分煮沸したいのだという。「良いよ」と、これも新光製作所に頼んだ。10tというと大きい。えんやこらと入れてみたが、その後どうも使っている様子がない。初めはT氏もえらく喜んでいたが、そのうち、そのタンクの話も出なくなった。どうも怪しい。そこで、「Tさん、10ｔタンクどうした？」と尋ねると、「いや、もう、使ってます」と返事が来る。「ちゃんと使ってんの？」と念を押すと、「３ｔタンクで煮沸して、それを10ｔタンクにまとめて、仕上げに使ってます」なんて、変なことを言う。３ｔならジャケット構造で周囲に熱湯を巡らして煮沸できるが、径が大きくなると当然熱は中まで伝わらない。中身を効率よく熱するには対流を起こすために底面から熱しないといけない。しかし、10ｔタンクは３ｔと同じ側面にジャケットをつけた構造だったから、ちっとも煮沸できなかったのだ。そんなこともあって、ホッピーの品質が落ちていった。その煮沸用10ｔタンクは今でも工場にあり、お湯を貯めるタンクとして使われている。

ある時、僕は荏原インフィルコ（現・荏原製作所）に赴き、うちの操業中の排水量で水処理施設を作るとしたらどれくらいの規模のものが必要か尋ねた。すると、敷地として１００平米で、そこを池にして水処理をすることで、予算は５０００万円だと言われた。工場敷地内にそんな土地はないし、何より資金もない。なんとか中和槽で処理をして凌いできたが、ホッピーの増産が続き、いよいよ本格的な排水処理施設が必要になってきた。ちょうど業者が飛び込みの営業でやってきて、地下式にしたいと相談すると、地下を掘るのに４００万円くらいかかるという。地下を掘るのに400万もかけたくないなと思って、躊躇している間に、いよいよ発酵タンクを増設しなくてはならなくなった。工場の裏に新たに発酵室を作ることになったのだが、発酵タンクというのは重いので、重量計算をしたら3m以上掘って基礎工事をしないと建てられないということが分かった。例の構造計算のできる冷凍設備の北原さんの計算ではそうなった。

「北原さん、どうしても3m掘らなきゃダメなの」「そうですよ」「その掘ったあとはどうするの」「埋め戻したって良いし、貯水場にしたって良い」「えっ、貯水場にできるの」「できますよ」「それだ！排水処理場にできる？」「できますよ」

というわけで、発酵タンクを増設するついでに排水処理場ができてしまった。その時は、半分は下水処理場、半分を上水の貯水槽にした。もちろん、水が行き来しないように完全に分けた。その後、さらに、37tタンクを4基新設する時には三宅製作所と付き合うようになっていたが、やはり4mくらい地下を掘るというので、その地下も半分を貯水場、半分を排水処理場にしようと計画を進めた。ホッピーの増産で排水量も増えていたので、良い具合にちょうど間に合ったというわけだ。

ホッピーが売れ出して、生産もどんどん拡大し始めた頃、父は僕に社長になれと言い出した。僕は、「親父さんは死ぬまで社長だよ」と言うと、「だめだ。俺の目の黒いうちに、お前が社長になっておかないとダメなんだよ」と言う。父はまだまだ元気だったので、その必要はないと僕は思っていた。しかし、父は違った。8人兄弟の次男でありながら、兄弟達に手を差し伸べ、一家を支え続け、父を頼ってくる親族までも面倒を見てきた父からみると、自分が現役のうちに次代の道をしっかりと築いておかなければという強い思いがあったのだろう。僕に社長就任を迫る父は、いつにも増して強硬だった。僕は、そこまで言うならと、終いには社長を引き受けた。昭和54（1979）年のことだった。しかし、その裏で、僕の知らないところで、随分と身内の間でゴタゴタがあった。父は、あらかじめそれを察知していたのだ。おそらく親族の中でも、特に義理の兄などは父の後釜を狙っていたのだろう。実際、社内での発言力も持っていたし、お金の管理もしていたし、経営の一翼を担ってもいた。そういう人達を差し置いて、息子とはいえ外部から中途で入ってきた男が、自分達の頭を飛び越え、抜擢で社長になるのは許せないというのは、或いはもっともなことかもしれない。しかし、僕にとってもホッピーはとても大事なものだったし、商品を愛する気持ちは誰にも負けていなかった。これは確かなことだ。その思いがあったから、社長就任を受け入れたし、身内のゴタゴタにも我慢ができた。社長交代の時というのは、権力構造が大きく変化する時なので、派閥の暗躍や風評が立ったりして会社が潰れる原因になることもある。父は、そういう事態を懸念して、自分の力が周囲に及ぶうちに社長交代をしておきたかったということが、この期に及んでようやく腑に落ちた。実際、いろんなことがあって、それからしばらくは我慢の時期だった。ゴタゴタした話は家内のところまでも飛び火したのだが、ずっと我慢していた。よく我慢してくれたと、思い返しても感謝しかない。

僕が社長に就任し、ホッピーの売れ行きも伸びに伸びていた頃に父は亡くなった。まだハイサワーが世に出る前の、ホッピーが独壇場の時代に幸せなままこの世を去った。ホッピーを生み出し、独自の販路で地道に売り歩き、焼酎の割り材として多くの人々に受け入れられ、大きく成長したホッピーの姿を見ながら旅立った父に、僕はそれで良かったと思った。父が亡くなって間もなく、昭和60（1985）年、今度は工場長の光太郎叔父が発症した。パーキンソン病だった。発酵タンクを作る時に、どんなタンクが理想なのかを日々の送り迎えをしながら少しずつ叔父の頭の中から引き出してようやく設計図が描けたように、ホッピーの作り方もまた、光太郎叔父の頭の中にしかなかった。レシピ、手順、製法の一切合切について、フローシートもマニュアルも何もない。まとまった作業手順書は作られていなかった。これでは、光太郎叔父に何かあって彼が動けなくなったら工場も動けなくなる。ホッピーが作れない。まさにその危機が突然目の前に迫っていた。

光太郎叔父は、後継者を育てていなかった。そのことは、僕もかねがね心配していた。ある年のお正月、まだ叔父が元気だった頃のことだが、年始参りに叔父宅を訪ねると叔父の息子が3人揃っていた。長男が早稲田で、次男は東大の野球部でピッチャー、三男は東工大と、いずれ劣らぬ秀才揃い。僕は、試しに三男坊に聞いてみた。「ノボルちゃん、お父さんの跡を継いでうちの工場をやってくんねえかな」。彼は鼻にも引っ掛けない。冗談でしょって顔をしている。光太郎叔父も加勢してくれるでもない。もともと僕だって、そんなの期待して言ったわけじゃないけれど、この線は消えた。

その頃、社員の中に、人の懐に入るのがうまい人物がいた。T君といった。僕は彼に白羽の矢をたてた。光太郎叔父を懐柔してホッピーの作り方を引き出す役目に据えたのだ。実は、僕がその役をしてみたことがあったのだが、そうしたら、まず脱脂綿を焼いてとか、細々とした仕事をさせるので、一瞬で音をあげた。僕には無理、こりゃダメだと早々に退散した。なので、T君は僕の後釜。僕は彼に言った。「いいか、ともかく、調合だけできるようにすれば良いから、理屈はいいんだから、何をどう量って、何を入れるかというの、それだけ教えてもらえ。難しいことはいいんだから、作業工程だけ覚えればいいんだから」と、彼にこんこんと諭した。明るくて良い青年だった。「はいやります」。2つ返事のT君は、叔父の好きな釣りの話などをしながら、うまく懐に入っていった。叔父も、T君になら教えてやっても良いというところまでになった。

期待に応えてくれそうなT君に、僕は嫁をもらってやろうと、親心が芽生えた。そこで清涼飲料組合の三宅専務に「うちの社員に誰かお嫁さんを紹介してくださいよ」とお願いしたら、早速ひとりのお嬢さんを紹介してくれた。早速僕と女房は、奥手のT君にかわって、2人のデートプランを練ってやった。10通りばかり考えたと思う。まず第1回目は、どこに行って、何を食べて、映画は何を観るかと、事細かな計画を作った。その通りしていたらどうなったかは、今ではもう知る由もない。あろうことか、T君は僕ら夫婦が額を寄せあって練った綿密なデートプランを放り出して、お盆の混んでいる最中に自分の実家である信州望月にドライブデートと洒落込んだのだ。お盆の帰省ラッシュを知らないはずもないだろうに、案の定長時間の渋滞にハマり、話すこともなくなったというが、当たり前だ。そんなことしたら失敗するに決まっている。そのせいで彼はすっかり落ち込み、そのうちノイローゼになってしまって、明るく朗らかな青年がすっかり暗く覇気のない男になってしまい、とうとう故郷の望月に帰ってしまった。それで、この計画もあえなく破綻し、光太郎叔父の頭の中にあるホッピー製造法を引き出すことは再び頓挫したのだった。

そうこうしているうちに、昭和60（1985）年を迎えた。ちょうどその頃、うちに濾過器の売り込みがあった。セールスマンの若松さんに勧められて導入したのだが、買ったあとでその濾過器は醸造で使うものじゃないよとみんなに笑われた。今でも使っているけれど。それで、その罪滅ぼしというわけでもないが、若松さんが三宅製作所を紹介してくれた。三宅製作所はビール会社各社の醸造設備を一手に引き受けている、醸造業界では右に出る者がいない会社だ。それで、うちの設備機械もやってもらおうとお願いをした。担当は三宅製作所の山内部長で、彼にうちの設備を作ってもらった。それが、光太郎叔父がパーキンソン病になったのと同時期だった。叔父は病気のせいで指の震えが止まらなくなり、細かい作業ができなくなっていた。好きな釣りも、仕掛けを作るなど細かいことができないのでやめてしまった。設備はできたのにオペレーションをする人がいないと絵に描いた餅だ。

とうとう光太郎叔父が工場長から引退する日が来た。でも、後継者がいない。困り果てた僕は、設備を担当した山内部長に泣きついた。彼は、ほうぼうのビール会社に顔を出している。その内情にも通じているのだが、ある時、「こういう人がいるんだけど、使ってみないか」と言ってきた。アサヒビールの吾妻橋工場で仕込みを任されている関根亨さんだった。山内部長によれば技術力があって、人情味に溢れ、情熱家だという。山内部長は、そういう人物をうちの会社のために探し出してくれたのだった。関根さんはちょうど定年退職の時期だったので、早速迎えることにした。

光太郎叔父にも無理を言って工場に顔を出してもらい、そこは技術者同士のことだからツーカーで通じ合ったのだろう、関根さんが色々と聞き出して、ホッピーを作り出してしまった。僕も飲んでみたのだが、素晴らしいホッピーができていた。

これでひと安心と胸を撫で下ろす僕だったが、関根さんは違った。ホッピーの醸造で使っている酵母を指して、「なんですかこれは」と言うのだ。発酵力もなければ、香りもない。野生化したお化け酵母になっているという。光太郎叔父がかつて滝野川の醸造試験所からもらってきた酵母は、いつの間にか変異し、すっかりその力を失っていたのだ。じゃあどうするといっても、国内で酵母を譲ってくれそうなあてもない。思案顔の僕を見て、三宅製作所の三宅秀和社長と関根さんが言った。「あそこだったら酵母菌を譲ってもらえそうだよ」。そんなところがあるのかと聞いてみたら、ドイツの酵母銀行だという。そこにお願いすれば酵母がもらえるだろうと関根さんは言う。早速ヴァイエンシュテファン酵母銀行に手紙を書いてもらって、酵母がもらえないか打診した。ひと月半ほどして、ドーン・ハウザー博士の手紙付きで酵母が送られてきた。なんでも世界的に有名な先生だそうで、三宅社長は、この手紙は額に入れて飾っておいても良いような権威のあるものだと教えてくれた。酵母の名前はサッカロミセス。これでホッピーもますます美味しく作れると、うれしかったなあ。

三宅社長と関根さんのおかげで酵母も新しくなったし、どうせならとホッピーの原材料も仕入れ先を見直し、一新した。ホップは片岡物産を通じてこれもドイツから新たに輸入することにした。麦芽は、滋賀に日本麦芽という会社があって、そこから仕入れることにした。それで面白いのが、社長の名前が麦林さんという。調布工場の井戸を掘ってくれたのは渦巻くて高品質なドイツのホップと、麦芽も良いものが揃って、設備も良くなって、優秀な酵母と、安さんだったけれど、なんだか僕はそういう人とよく巡り会う。こうして、優秀な酵母と、安くて高品質なドイツのホップと、麦芽も良いものが揃って、設備も良くなって、さらに技術力も高まって、味もすっきりとうまいホッピーができた。父の時代のホッピーから、僕の時代のホッピーがようやくここに生まれた。しかし、新生ホッピーが街に出回ると、以前のホッピーのほうが良かったという人もいたのでちょっと驚いた。昔の味に慣れ親しんでいた舌には、なかなか新しい味を認めてもらえないものだ。しかし、ホッピーは多くの人に受け入れられ、売り上げを伸ばしていった。

◆ハイサワーに狙い撃たれる

ここで少し時計を戻して、ハイサワーの話をしよう。

発酵タンクを次々に増設して、昭和56（1981）年に37tタンク4基の増設計画のうち1基を導入したところで、ホッピーの売れ行きは天井を打った。そこから急激に売り上げが下がっていくのだが、その原因はハイサワーの台頭だった。戦後間もない頃から我々がコツコツと販路を広げてきたその轍を追って、ハイサワーはホッピーの看板のある店をめがけて攻勢をかけてきた。ホッピーは何もないところから一軒一軒回ってホッピーを置いてもらったのだが、ハイサワーはホッピーのある店を狙えば良い。ある意味効率の良い、とても簡単な戦略で市場を席巻していった。

もうひとつ、ハイサワーが売れた理由は、ホッピーの売り方にも原因があった。ハイサワーが出た時、多くの酒屋さんが飛び付いたのはホッピーが扱えなかったからでもあった。ホッピーが1日20万本売れるという時代になって、ホッピーを売らせてくれ、うちに扱わせてくれという酒屋さんがたくさん増えていた。毎日のように何十本と酒屋から電話がかかってきた。ホッピーができた当初とは隔世の感ともいえる事態だった。酒屋へ持っていっても相手にしてもらえなかったのがホッピーのスタートだったんだから。そのために、シベリア抑留組をはじめとする「七人の侍」と称する人達が地道に飲み屋を一軒ずつ回ってホッピーを売り歩き広めていってくれた。かっこよくいえばルートセールス。たとえばある焼き鳥屋さんに毎週水曜日にホッピーを納めに行って空きびんを回収してくる。いわゆる直売だ。次の日は違う店に行く。それを何十店もやる。売れてる店だと週に2度回らないとホッピーが足りなくなる。そうやって回って歩かないと、毎日は行き切れない。もし、そこで酒屋もホッピーを扱えるようになったら、七人の侍達は太刀打ちできない。酒屋は商圏が狭いから毎日でもお店に行ける。お店としてはそちらの方が便利だというんで酒屋に任せることになる。しかも、往々にして酒屋はダンピングをする。これもお店としては安く仕入れられるなら御の字とばかりそっちに行ってしまうだろう。今まで苦労してホッピーを売ってきた人達は到底酒屋には敵わない。果たしてそれで良いんだろうか。うちにはうちの生き方がある。これを変えてはいけない。今まで直売でやっていたのが、急に問屋式にしたのでは、これはうちの生き方としても違うんじゃないか。ということで、僕は酒屋さんには売らないと決めて、そうしてきた。

それと、もうひとつ、大事な問題は、ホッピーがリターナブルびんだということだ。僕があちこちから集めたデータでは問屋方式にすると55%しか返ってこない。45%が消えてなくなっちゃうということだ。その点、ルートセールス＝直売式だと、びんの回収率は圧倒的に高い。うちにとってびんは資産だ。1本のコストは38円もする。それで保証金は10円しかもらわない。紛失したら28円の損失となる。箱だってコストが1000円するものを保証金200円しかもらっていない。これも戻ってこないと800円の損になる。この資産の半分近くが戻ってこないというのは、とても商売ができないレベルの話だ。だから、酒屋にホッピーを扱ってもらうなら、びんはワンウェイだと僕は思っていた。いずれワンウェイびんを作ったら良いと思い、それでやってきた。いってみれば、そういう隙間にハイサワーが登場して、酒屋がこぞって扱うようになったのだ。

実は、ハイサワーが出る前に、焼酎に生レモンを絞り炭酸を加えてレモンハイとして出す店があった。押上の大黒屋という名で、浅草の叔父がホッピーを配達していた古い店だ。それまでホッピーばかりだった店なのに、ホッピーの売れ行きがさっぱりで、その代わり炭酸ばっかりが出るようになった。この店を担当している営業部員に問うと、「良いじゃないですか、炭酸が売れてるんだから」と言う。なにを寝ぼけたことを言ってるんだ。炭酸はいくらの儲けにもならない。ホッピーが売れないとうちは赤字になるんだということが分かっていない。それで、あわてて店を訪ねてみた。すると誰もホッピーを飲んでいない。どの席でも半分に切ったレモンを絞って炭酸を加えて飲んでいる。今でいう生搾りレモンで、レモンハイという名前で売っていた。ホッピーよりも炭酸だけが出る理由が分かった。その頃そんな飲み方をするのは、その店1軒だけだったし、仮にびん詰めのレモン炭酸風味を作るとすれば、簡単なのですぐにでも商品化できるんだけれど、これが売れちゃうとホッピーの売り上げに差し障ってしまう。その時はホッピーが最高に売れていた時だったので、どうしようかとジレンマに陥った。でも、まあ、押上あたりのこの店1軒での影響力は大したことは無いだろうと頬被りにした。1年経ったらこのハイサワーが出た。若い人も女性もみんな喜んで飲んだ。凄まじい勢いだった。しまったと思った私はこの押上のお店の商品名のレモンハイをいただいて、すぐに商品化をした。レモンハイもそれなりに売れたけど、ホッピーの落ち込みは凄まじかった。レモンに続いて、梅、グレープフルーツ、しそ、青りんごと種類を増やしていった。レモンハイと表示されたびんを兼用した。

そのうちにウーロン茶を出す羽目になった。そんなに売れるものでは無いだろうと思ってはいたけれど、たまたまホッピーを扱う問屋の中に中国福建省の方々と懇意にしている方がいて、お茶業者を呼んでくれた。ウーロン茶はまだまだ一般的に出回っていない初期の段階だったので、その方から「鉄観音」と称しても良いというグレードの高いお茶を仕入れた。キロ4000円もした。実においしいお茶だった。事実、鉄観音と称して売りもした。このお茶の加工は当社ではできないので、Y乳業と言う同業者にお願いをした。実にうまく煮出し、おいしいお茶を作ってくれた。5Lのバックインボックスも作った。何年かしてY乳業が他の事業に手を出して倒産してしまった。あまりに急だったので、欠品を起こす事態にな

かつてのホッピーのロゴ入りトラック。

った。そこで全国清涼飲料工業会（現・全国清涼飲料連合会）で知り合った某大手さんにお願いをして、超特別に2、3日のうちに1Lのウーロン茶を出していただいた。やれやれとありがたくほっとしているとどんどんと返品になってしまった。なぜと聞くと、焼き鳥屋さんの方で売上が伸びなくて使えないという。今までのうちのウーロン茶が大手さんにない高品質で、売上に効くということが図らずも分かった。私達は大手さんのできないことをやっぱりやっていかなくてはいけないとしみじみ思った。

その間、ホッピーのイメージチェンジを図ろうと、ある先生にお願いをして、新しいロゴを作ったり、ホッピーを運ぶトラックにその新しいロゴを大きく入れたりした。あるいはビールにレモネードを入れてシャンディーガフというカクテルがあるのを参考に、ホッピーシャンディーガフを作ったりした。ちょうどその頃JTが全国でキャンペーンをはっていたが、ハワイは禁煙国でキャンペーンがはれないということで、そのハワイでの権利を安くするからどうだという話があった。ホッピーのシャンディーガフのキャンペーンをはってはどうかと思い、その話に飛びついた。その頃ハワイで、歌手の杏里が公演をしていた。娘の美奈がまだ学生だった頃、杏里の大ファンで連れていけ、連れていけというので一緒に行った。しかし空港で、娘は飛行機が離陸寸前でドアが閉まってもまだ来ない。後ろの座席の人が、その席は空いているんですか？と聞いてくるぐらい来ない。そこへ、あたふたと飛び乗ってきたのだった。ハワイへ着くと、杏里には兄のマネージャーがついていて、彼女のご両親も一緒で、家族全員が揃っていた。夕食は杏里の隣で食事をし、食後は杏里の歌でパーティーをした。楽しい楽しいひと時であった。シャンディーガフは1軒の酒屋に話をしただけで終わってしまった。とんだハワイ記となってしまった。

◆羊のマーク？

ハイサワーの大攻勢で、ホッピーの売り上げが落ちていた頃、そのまま手をこまねいているわけにはいかず、僕はいろんなことをした。ホッピーの黒タイプを試したのもその頃だ。

サワーを入れているグリーンボトル。

ハーフブラックというのを作り、前述したハワイ行きの時に持って行こうとしたら、よした方が良いと忠告を受けた。ハーフもブラックも向こうではあまり良い言葉ではないからというのだ。それならばと、スリークォーターという名前にした。4分の3。斜め上から投げるピッチャーのフォームがそうだ。おしゃれだなと思ったが、良く分かんないよね。だから、そんなに売れなかった。それもこれも、ホッピーをどう売ろうかという手立てのひとつだった。結局徒労に終わったけれど、戦っていたのだ。

前述の通り、ハイサワーに対抗してうちもレモンハイを出し、それに続いて、梅、グレープフルーツ、しそ、青リンゴと次々にサワー類の品目を増やしていった。そして、ウーロン茶も出すようになったのだが、それらはすべて最初に作ったレモンハイのびんに入れて売っていた。サワーのバリエーションが増えていったのは、お店からの要望に応えてのことだったが、それぞれのびんを用意する時間もなく、後手に回っていたのはたしかだ。ともかく売らなくちゃという気持ちだった。だが、ある時客先で言われた。「レモンハイとびんに書いてあるのにウーロン茶が入っていたら戸惑っちゃうよ」。王冠には書いてあるのだが、店が忙しい時など確認しにくいのはたしかだ。ご意見ごもっともで、ひたすら恐縮するしかなかった。それで、何を入れても良い、汎用性のあるびんを作ることにした。幾人かのデザイナーに依頼してデザイン案を作ってもらったのだが上がってくるデザイン案が、どれもみんなホッピーになっちゃってる。これじゃ元も子もない。これは困ったな、どうしたものかと途方に暮れた。デザイナーだって、きっと何をデザインすれば良いか戸惑っていたのだろう。上がってきたデザイン案を見比べているうちに、ひとつの案に目が止まった。メインのマークではなく、びんの肩のところにあるお飾り的なサブデザインを見て、僕にはピンと閃くものがあった。この案を作ったデザイナーによれば、ホッピーを凝縮したものだという。よく見ると、PとYも入っている。これだ。これでいこうと、このデザインをブラッシュアップしてもらい、メインのマークとして作り変えてもらった。もう明日にでも欲しいから、ともかく早く作ってとデザイナーをせっつき、特急でこしらえたのが今のグリーンのボトルだ。ちょっと羊っぽく見えるマークには、よく見るとHとPとYが隠れている。それらがうまくまとまって、ホッピーだけどホッピーじゃないデザインとして完成した。これなら、どんなドリンクを入れても、いける。昭和60（1985）年からだから、もう30年以上も使い続けていることになる。

ハイサワーの台頭は凄まじく、居酒屋の業界を席巻していた。ホッピーはやられっぱなしでなかなか立て直すことができない。それで、僕はかねてから構想していた家庭用のホッピーに着手することにした。まず、びんをこれまでの回収型リサイクルびんではなく、専用のワンウェイびんにした。酒屋ルートで販売するには回収が望めないからこうするしかない。さらに、酒屋に卸すための会社も必要になる。それで、コクカ販売を作った。実は、ホッピーを製造するコクカ飲料、販売会社のコクカ販売と、もうひとつ会社があった。黎明期にホッピーを売り歩いた七人の侍のうち、他の事業に手を出して失敗し、うちに多額の損失をもたらした人がいたという話は以前にしたが、その2人から引き継いだ販売エリアにホッピーを直売する株式会社ホッピーというのがあった。僕は、その3つの会社の社長になるつもりだった。いってみれば税金対策もあって分社化してはいるけれど、ホッピーを作って売るという仕事としては3社があってひとつの事業なのだから、トータルしてマネジメントするのが正しいと思うからだ。だが、例えば東京都清涼飲料協同組合の仲間でゴルフに行ったとすると、周りは僕のことを社長と呼ぶが、同行の専務である義理の兄は当然「専務」と呼ばれる。兄貴としてはちょっと癪に障っていたようだ。もちろん面と向かって僕に言うわけではないが、不満があったのは傍目で見ても分かった。なので、「兄さん、社長やんなよ」と3社のうちコクカ販売で義兄を社長にした。世の中には恩が仇になる例えもあるが、たちまち仕事がやりにくくなった。コクカ販売に行くと、コクカ飲料の人に指図される謂れはないとばかりの対応で、話が通らない。もともと同じ会社なのに、社員は石渡派と義兄派に別れてしまった。本来、3社は一丸となってホッピーを売らなければならないのに、こんな足並みが揃わない状態ではハイサワーに対抗するなんて到底無理だと思った。

僕は、ともかく営業の先頭に立ってテコ入れするほかにないと思った。営業回りで焼き鳥屋を回った。まあ、孤軍奮闘だ。お店のマスター達は社長自ら来てくれたと喜んでくれるので、こちらも酔っ払った勢いでもう一軒もう一軒と、何軒もはしごをした。この時期が一番ホッピーを飲んだと思う。こうして飲んでみて改めてホッピーが本当においしくなっていると、僕は自信を持って言えるようになっていた。関根さんを迎え、設備を一新し、酵母を新しくした結果がちゃんと出ている。だけど、依然として居酒屋の売り上げは上がらない。一旦下がったものをもとに引き上げるのはとても困難だった。家庭用のワンウェイびんも、思った数字が出ない。以前はお売りできませんとホッピーの扱いを断っていた酒屋に、頭を下げて回ってみても塩を撒かれる勢いで追い出される。「なんだお前ホッピー屋か。おととい来やがれ」そう言われてもしょうがない。販売も営業も頼りにならない。七人の侍の問屋会も愚痴ばかり。もっとアイディアを出せと言っても何も出てこない。笛吹けど踊らず。鼓舞しても、虚しいばかり。このまま営業に頼っていたら会社が潰れてしまう。工場は5日のうち2日ぐらいしかホッピーの製造をしない。3日間まるまる空いている。工場長の関根さんも「もうちょっと仕込みが増えると良いですね」と言う。チェリオの経験もあったので、僕は加工をやって凌ぐしかないと駆けずり回り、たどり着いたのがウィルキンソンの仕事だった。

その頃、広口びんの100%ジュースが流行っていて、先輩がやっている小田原の工場で扱っていた。これは当分流行るからお前のところもやってごらんよと勧めてくれた。試しにうちの工場でもやってみた。しかし、ホットパックといって、ジュースを充填する前に殺菌して、熱いままびんに入れる。殺菌した熱いのを充填するから、部屋の中は蒸気でもうもうになる。これじゃかびの巣になっちゃう。これは醸造の工場としては嫌なので、すぐにやめた。そこで、ペプシの川辺さんという方に相談する機会があり「うちはガス屋なんですよ。リターナブルが得意なんです。そういう仕事ないですか」と聞いてみた。「そうだよな。じゃあミリンダをやろうか」なんて、そんな話をしていたら、「ちょうど今良い話が来てるんだよ。アサヒさんからウィルキンソンの話が。お前が良きゃ回すよ」と言ってくれた。ジンジャーエール、ドライと普通のと、それからトニックウォーター。「これ3つ回してやろうか」というので、僕は「ぜひ回してくださいよ」と拝まんばかりに頼んだ。さっそく、アサヒから萩原さんという担当者が調布工場にやってきた。彼が言うには、「後殺菌をやってはいけない。グラニュー糖の熱溶きも駄目」ということだった。外資系はみんなそうだという。日本ではみんな熱湯で砂糖を溶くのだが、水で溶かさなければいけない。なぜなら、グラニュー糖に熱を加えると普通の上白糖になってしまうからだという。せっかく質の良いグラニュー糖を使っているのに上白糖に戻すことはないという理屈だ。お湯が使えなくて、後殺菌もなしだとすると、熱のかかる場所がない。うちは酵母を扱っている工場だから、いってみれば工場内は酵母菌だらけだ。熱処理せずにいて酵母が一滴でも入ったら、変敗の危険性がある。だから、うちの製品を製造する際は、サイダーでも、ガラナでも自社製品は全部内温60℃で殺菌している。そんな所だから無殺菌なんかとてもできませんよと言うと、萩原さんは「大丈夫だ。私が指導するからやってくれ」と言う。

それで1億円くらいかけて設備を整えることにしたら、同業者の友達が、「ビール4社の中でもアサヒが一番厳しいんだよ。設備はできたけど断られるケースもあるそうだ。気を付けたほうが良いよ」とわざわざ進言してくれた。僕はそのまま萩原さんに「今、こういう話を聞いてきたんですけど」と話すと、「そんなことしない、大丈夫だからやんなよ」と太鼓判を押してくれた。それで始めたのだが、大変なのは、作業が終わったあとの洗浄だった。今の機械はCIPという自動洗浄装置が付いていて、作業が終わり、帰り際にスイッチを入れると、苛性ソーダ、塩素、熱湯を順に流しラインを全部自動洗浄してくれる。だが、当時の機械は、これを全部手でやらなければならなかった。午後8時に仕事が終わると、そこから洗浄を始めて終わるのが12時。4時間くらいかかった。CIP用の機械は耐塩素の材質を使っているが、当時のうちの機械はそうじゃなかった。だから、塩素に食われて機械もガタガタになってしまう。それで、9年目にはもう機械がこれ以上動かないというところまで消耗していた。ウィルキンソンの加工はそこで終わったのだが、結局9年間を無事故で通すことができた。アサヒさんにも褒められた。酵母を扱っている工場で、熱殺菌なしで清涼飲料の加工を1本たりとも不具合なく9年間できたというのは、うちとしてもすごい経験になった。

こうして、工場で稼いでなんとか持ち堪えていれば、そのうちホッピーが売れてくると僕は思っていた。といってもただじっとしていたわけじゃない。ホッピーの拡販のためのアイディアを僕は色々考えたりもした。まず、ホッピーをおいしく飲ませてくれる店に貼るポスターを金色にして作ろうと考えた。ホッピーのおいしい店の差別化だ。そうすれば、まずく出す店も頑張っておいしくしてくれホッピーの拡販に協力してくれるんじゃないかというつもりで金色のポスターを作った。でも、なかなか効果が出なくて困った。問屋の連中がちっとも協力してくれないからだった。七人の侍達も次の世代になっていて、先代のような情熱に欠けていた。

ある時、酒類評論家の穂積忠彦先生にお会いした。穂積先生は、『積木くずし』の穂積隆信さんの兄さんで、協和発酵に在籍したりして、食品のコンサルタントをやっていらっしゃった。うちへも何度も来ていただいた。ある時、「アメリカへ行くと、ジョッキを凍らせて、みぞれ酒っていうんだよ」と、ジョッキを冷やす飲み方を穂積先生から教わった。もともと、ホッピーは2冷、つまりホッピーと焼酎をあらかじめ冷やす飲み方を推奨していた。それが当たり前のことだった。それが、サワーが出て、あれは氷を入れて作る。焼酎に氷とサワーを入れてでき上がり。そういうお店がどんどん増えていくと、ホッピーも氷を入れて作るようになった。それは違うと僕は悔しく思っていた。まさに、ハイサワーの弊害だ。それを打破するためにも、みぞれ酒で行こうと決めた。ホッピーも焼酎も、さらにジョッキも凍らせて3冷だ。穂積先生にも「それじゃなきゃ駄目だ」と言われた。これが、今に続く3冷ホッピーの始まりだった。

8章……子供達の手に太陽を

◆PTA会長に就く

仕事の話は一旦置いて、娘の美奈が転校した檜町小学校（現・赤坂小学校）の話をすることにしよう。

それまで目黒区に住んでいた私達一家は、父が赤坂にビルを建てたことで、この地に引っ越してきた。美奈は小学2年で檜町小学校に転入することになった。昭和53（1978）年、やっと工場も製品も軌道に乗ってきたので赤坂にいる時間も増えて、街の連中の仲間にも入れてもらい始め、ゴルフも始めた。そんな折、ある朝、檜町小学校のM教頭が7～8人のお母さんを連れていらっしゃった。是非PTAの会長をやってくれという話だった。PTAの活動とはどんなものか良く知らないけれども、檜町小学校は昔々中之町尋常小学校といっていた当時から数えれば、父、叔父、叔母、兄弟、姉妹から従兄弟まで入れれば数十人もお世話になったことを思い、ちょうど暇な時間も少しできたのでお引き受けすることにした。

以前より多少日照問題があるやに聞いていたが会長に就任するとやはりこの問題があった。檜町小学校に隣接した南側に、地下1階地上8階のマンションを建てるという計画があったのだ。そこにこのビルが建ってしまえば、子供達のプールも校庭も日陰になってしまう。子供達が伸び伸びと学校生活を送れるようにするためにも、日の当たらない校庭を作ってはいけない。檜町小学校は私にとっても母校だが、校庭は私が通っていた頃より面積的には少し広がっていた。しかし、その広がり方は中途半端で、有効な使い方ができず、ましてや、プールを大きくしたために、校庭は実質的には狭くなっていた。今でさえ男の子達にとっては、野球も満足にできないほどの校庭であり、せいぜいハンドベースボールと称して、柔らかい球を手で打つゲームが関の山だった。全児童が一斉に校庭で遊べないので、学年ごとに時間割を作って、校庭で遊べる学年、砂場で遊べる学年、屋上で遊べる学年と区切って使っていた。その校舎の屋上にしても細長いだけのもので、遊ぶにも子供達が工夫しなければならなかった。

マンションが建つことによって日陰になるプールは水温が上がらずに使えないという話を聞いて、区役所の庶務課の課長の所までこの対策があるや否や聞きに行ったところ、「そんなものはない。都会の子供はしょうがないんだ」という乱暴な答えが返ってきた。しかもす

昭和55年当時の檜町小学校。プールのすぐ南側、左下の空き地がビル建設地。

でに建築確認が下りているという。学校へ帰って校長先生をはじめ、PTAの皆さんにこの話をした。なんとか方々にお願いにいってこの計画をやめてもらうように運動しましょうと訴えたところ、特に校長先生は「私の身はどうなっても良いので戦いましょう」と激怒した。あの優しい校長先生とは思えぬほどだった。

暮れも押し迫った12月20日、建築会社主催の説明会があって、翌年の1月には学校とPTAの意見を聞きに建築会社の営業担当がやってきた。その場では土地は区に売却して欲しいというこちらの願いを伝え、向こうも階数を減らした図面を月末までに届けると約束した。さらに、港区長あてにPTA役員名で建築計画の変更の陳情書を提出した。この時点では、学校はきっと法的に守られるだろ

う と信じていた。多くの保護者達も思いは同じだった。

月末になって建築会社から届いた図面は、8階建てを5階建てにするというものだった。だが、よくみると各階の天井を高くして実質的には8階建てと変わらない高さになっていた。こんな子供だましのような手口を使うとは、呆れてものが言えない。2月になって、PTAの臨時総会が開かれ、檜町小学校隣接ビル対策委員会が作られた。長期戦になりそうな予感がPTAの皆さんの中にはあった。そんな中で、4月、私はPTA会長に推挙され就任した。自分でも火中の栗を拾うとは、まさにこのことだと思ったが、子供達のことを守ってやれるのは親しかいない。仕事も大変な時期だったが、そんなことは言っていられなかった。それから2ヶ月後、先に出した請願書は6月の港区定例本会議で採択された。その2日後には早速建築会社から区長宛てに売買金額について打診があり、7日以内に回答がなければ売買交渉を打ち切ると連絡が入った。

ここで、妙な動きがある。区の教育委員会は用地買収を正式に決め区長部局あてにその旨を伝えているのだが、区側は売買金額を一向に示さず、7月4日には区の建築課が、地下1階地上5階建ての建築確認申請を受理するのだ。8月になり、建築会社から売買交渉の打ち切りと事業計画の推進が通知された。それから1週間後、重い腰を上げたのか区長から建築会社あてに土地を譲って欲しいと要請するのだが、遅きに失した感は拭えず、交渉に応じる気は無いとつれない返答が建築会社側からあった。その頃だ、私達の戦いを世間に広く知ってもらおうと大きな横断幕を作ったのは。道路から良く見える体育館側に張り出した横断幕には、「子供達から太陽を奪わないでください」というスローガンが大きく書かれていた。

◆建築会社との交渉

「子供達から太陽を奪わないでください」というスローガンが書かれた横断幕は、道を行く人達の目に止まった。檜町小学校PTAとしては校庭やプールが日陰になるマンション建設をやめてほしいという一心だった。港区の教育委員会もそれに沿って区に働きかけていた。一旦買収に応じる動きをみせた建築会社だったが、港区は買収金額が高すぎると交渉のテーブルにつくことはなかった。一方で、区の建築課はすでに建築確認申請を受理しており、建築会社は建築確認を早く出してほしいと区を急かせていた。

こうした状況をマスコミも放っておかなかった。〝ボクらの太陽見え隠れ〟という見出しで、檜町小の日照問題を取り上げてくれた。それが功を奏したのか、区はようやく用地買収について建築会社との本格交渉を始めることになった。その直前に、区は買収交渉とは切り離して建築確認を出していたことから、建築会社も態度を和らげ話し合いに応じる姿勢を示したのだった。我々PTAとしては、暗礁に乗り上げていた用地買収が再び動き出したことにほっとした。しかも、建築会社側は、買収の話し合いの決着がつくまでは工事を始めない

我々の活動は、色々な新聞で取り上げられた。

と明言してくれた。問題が発覚し、私がPTA会長としてこの騒動に関わってから約1年が過ぎていたが、これでひと段落とその時は思った。ただ、私にはひとつだけ懸念が残っていた。建築会社はこの交渉再開の直前に、正式に建築確認を認可されていた。つまり、いつでも用地に残った建物を取り壊して建築工事を始められる法的権利を持っているということだ。そこで、我々PTAは、用地周辺の3世帯と、園児の95%が檜町小に入学する中之町幼稚園母の会に働きかけて「児童の教育環境と太陽を守る連絡会議」を結成した。建築会社が抜き打ち的に工事を始めないとは限らない。万が一に備えて、そこをしっかり対策するための組織作りだった。

暮れも押し迫った12月22日、区は建築会社に買収価格を提案した。同月28日、建築会社側は金額に納得せず再び売却拒否を区に通告してきた。買収金額の差が大きすぎて、これ以上交渉を続けても意味がないので打ち切ると告げられた。建築会社側は、交渉は決裂したのだからと、いつでも着工する構えを見せていた。私の胸にわだかまっていた一抹の懸念は現実化し、その翌日、唐突に用地にボーリング機材が搬入された。急を聞きつけた父母がたちまち200名以上現場に駆けつけた。連絡会議を作っていたおかげで情報は瞬く間に流れ、お母さん達の素早い行動に結びついたのだった。大勢の父母達に気圧されたのか、その場の話し合いの結果、工事担当者は1月26日まで工事を中止すると引き下がり帰っていった。

翌日から、父母達による24時間の見張りが始まった。冬の寒空の下、父母が交代で工事現場の入り口を固めた。あまりに寒いので、木切れを集めて暖を取ったりもした。連日連夜、交代で立ち番をして、校門の前では運動資金のカンパを呼びかけるお母さん達。都心の赤坂で、子供を守る一心でまとまったその姿をNHKも取材に来たし、新聞記事でも大きく取り上げられた。カンパは1日で70万円近くにもなった。ひと月ほど経って、ボーリング工事を諦めたのか、用地から機材が引き上げられた。しかし、これはある種の陽動作戦だった。次の日、なんと解体工事を請け負う会社がやって来たのだ。これにも連絡会議が素早く対応した。解体工事を阻止しようと父母が結集、たちまち膨れ上がったその数は180人を超えた。4人でやって来た解体業者は工事に手をつけられずに引き上げて行った。

3月になり、区は建築会社に買収金額を再提示した。しかし、その交渉も不調に終わり、3月16日、再び解体業者が強制着工を仕掛けてきた。何が何でも工事をするという強い姿勢で臨んできた解体業者は、200人以上集まったお母さんの頭越しに鉄パイプなど工事資材を降ろそうとした。ちょうどその時、港区予算委員会では審議の真っ最中だったが、連絡を受けた区議会議員は審議を中断し、工事現場に駆けつけた。交渉の結果、その日は鉄パイプを門の前に降ろすだけということになり、業者は帰っていった。お母さん方の誰もが、こんな荒々しいことなどに慣れていない。だが、我が子達を思う一心で、力づくで強行しようとする工事を止めた。必死の思いは涙の抗議となって、工事業者を帰路に向かわせたのだった。

◆子供達の環境を守りたい一心で

昭和53（1978）年3月16日、解体工事業者が工事現場に資材を強行搬入しようとするのを涙の抗議で阻止した父母達は、その夜のテレビニュースにも大写しで報道された。しかし、工事着工を目論む建築会社に対して私達に抗うすべがないことは明らかだった。父母の会だけで工事を阻止することは、最終的には難しい。そこで、私は「児童の教育環境と太陽を守る連絡会議」として陳情書を作り、区議会議長や各委員長に届けに行った。土地買収は区が動いてくれなければ解決しない。それを促すための陳情書だった。その意を受けて、助役、

平成の赤坂小学校（旧檜町小）の校舎と校庭。

教育長、庶務課長が建築会社に出向いてくれた。しかし、交渉は難航した。

一連の行動について、中には、檜町小学校のお母さん達は行き過ぎではないかという区議もいた。建築会社の不誠実さを知ってか知らずか、こうした意見が出て来るのも問題が長期化した弊害のひとつといえるだろう。

一旦工事を中止しても、膠着（こうちゃく）状態は不意に破られる。3月23日、解体工事業者がやってきて、現場に入ると窓や畳などを壊し始めた。古い家屋を取り壊す時は、積年の埃が辺りに舞う。急を聞きつけ集まった180人の父母の中にはこの埃を吸い込んだのか、とうとう病人が出て救急車で赤坂病院に搬送される騒ぎとなり、そこで工事はストップ。再び2日間の中止となった。

この行き詰まった膠着状態を打破しようと私達は建築会社の本社に出向き、「反対の為の反対をしているのではない。もう1度売買交渉のテーブルについてくれないか」と懇願をしたところ応じてくれた。しかし、その全額は坪400万円。私達は坪100万円で買ったことを知っていたので、1年も経たないのに子供相手にそんな暴利を貪ることはしないでくれとよくよく頼むと、それならと坪200万円（総額2億4000万円）で決着をみた。後日、すぐ区長と直接話をしてもらい、区長室でサインを交換した。ただし、最終決定は10日後の総務委員会で行うのでそれまでは校長にも内緒にしておけと某部長から言われた。ちょっと変な気はしていたが、当日、校長先生に喜んでいただきたい一心で一緒に出席をした。すると、助役が答弁に立ち、先に建築会社に提示した金額は、区側の計算違いのために用地買収は断念すると発言した。傍聴していた父母の会の人達には青天の霹靂（へきれき）だった。計算違いとは我が耳を疑った。用地買収でようやく解決というその間際で、ちゃぶ台はひっくり返された。翌日、工事現場に解体業者がやってきて、屋根瓦を下ろし始め、さらにはボーリングのための機械も搬入してきた。到底納得できないお母さん方は、助役に面談を申し込んだ。助役は、間違いを是正した金額で再交渉する気はないと回答してきた。不誠実とはこのことだ。

5月に入り、連絡会議は工事現場で実力阻止することを決め、24時間体制を敷き交代で現場に立ち番を立てることになった。5月中旬、現場が動いた。仮囲いをするために工事業者がやってきた。父母達もたちまち150人集まった。「死んでも怪我をしても構わない、やってしまえ」とパイプを振り上げ暴言を吐く建築会社の社員に、父母達は怯まなかった。職人達が杭打ちを始めると、そこに足を入れ手を出した。職人達は困り果て、社員の必死の号令にもかかわらず、仕事を放り出して帰ってしまった。結局赤坂警察署が仲介して工事は3日間休むことになった。その後も、工事を進めたい業者と阻止したい父母の間の攻防が繰り返されてはその都度警察が間に入るという事態が繰り返された。

5月24日、建築会社から私他4名の個人に対して損害賠償請求書が届いた。工事妨害により損害を受けたので64万円を請求するという内容だった。それには早速内容証明付きで返答をした。「建築会社は、売却を決断している一方で工事をするのはおかしい」「工事協定書を取り交わしてから工事をする約束なのに、強引に工事に着工しようとするので阻止した。約束を守らないのはあなた方だ」「我々は個人行動ではなく連絡会議の一員として行動している。従って個人への損害賠償請求は不適切だ」ということで請求を拒否した。しかし、建築会社は東京地裁に私他4名に工事妨害禁止の仮処分を申請し、裁判になった。対抗措置として、PTA側も工事禁止の仮処分を申請した。

7月に入り、ついに建築会社は工事を強行した。7月7日早朝、ガードマンと作業員総勢24名が周囲を固める中で大型クレーン車が工事現場に搬入された。集まった父母達に放水したりで、またしてもけが人が出た。抗議の声はますます強まり、工事車両はそのままに、その日は塀が閉じられた。

父母と工事業者との攻防とは裏腹に、頼みの綱の区側は、それに背く動きを密かにしていた。７月24日、文教常任委員会が開かれ、教育委員会は４月の時点で協定書の雛形を建築会社側に渡したと証言した。この時点ではまだＰＴＡが建築会社と交渉中だったにも関わらず、一方的に協定書を渡していたのだ。背信行為以外の何物でもない。我々は区からも見放されて孤立無援の状態だったのだ。そのことが明らかになっても、我々は粘り強く区が再度動いてくれるよう要請を続けるしかなかった。

８月26日、工事を妨害してはならないという仮処分の決定が出た。裁判官は、設計変更の話し合いを進めてはどうかと、建物の削減と和解を提言してきた。最終結審は３階半という結審がでた。こうして、なんとか小学校の日照権は守る目処がつき、我々檜町小学校及び中之町幼稚園父母、近隣住民と建築会社間で工事協定書が取り交わされ、ひとまずこの運動は幕を閉じることになった。まったく孤立無援の中で最後まで誰ひとりの落伍者もなく団結が貫けたのは、ひとえに子供達を守りたいという共通した願いがあったからだ。子供達の教育環境を守る一心で常に活動してきたお母さん方が誇らしく思えた。私達の運動には賛否両論があった。時には、区議会からもあらぬ誹謗を受けたが、建物の削減でなんとか日照権を守ることはでき、日の当たらないプールは避けられた。それは運動の勝利と思っている。結局この土地は空き地のまま不動産屋を次々と渡り歩いたあげく、区が買収し、その後新校舎に建て替えられた。

9章……中小の生き残りをかけた分野法

◆なくてはならない法律

ここに、『中小企業の事業活動の機会の確保のための大企業者の事業活動の調整に関する法律（分野調整法）関係法例集』という冊子がある。「の」ばかりの実に長いタイトルだが、分野調整法と省略されて呼ばれている。我々中小の飲料メーカーにとって、なくてはならない法律だ。ここからはしばらくこれについてお話しする。

大企業と中小企業が同じ土俵で戦ったら、中小企業は到底かなわない。日本が戦後高度経済成長期を迎えた頃、中小企業がほそぼそと営んできた商圏へ大企業が次々に押し寄せ、中小企業の経営環境は悪化の一途を辿っていた。そんな窮状から中小企業を守ろうと、中小企業の産業分野を確保するための法案が昭和30年代後半から国会に提出されるのだが、その都

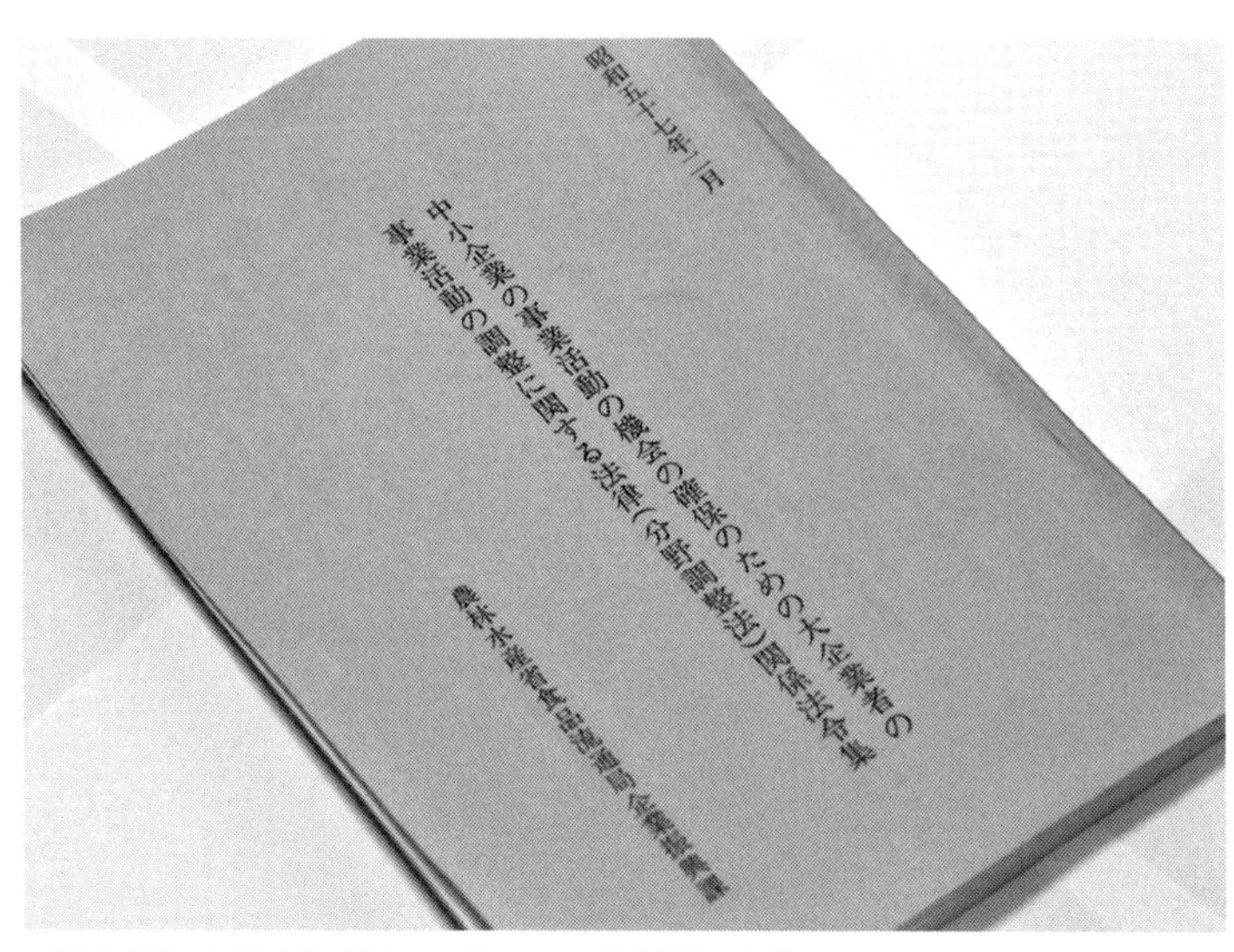

『中小企業の事業活動の機会の確保のための大企業者の事業活動の調整に関する法律(分野調整法)関係法例集』。

度廃案となり続けていた。その数は11年間で9回に及んだ。昭和50（1975）年に、ユニチカがもやし製造への進出を農林省の行政指導で取りやめたり、ヤクルトが豆腐製造業を断念したり。さらには大手スーパーが地方進出し窮地に立った地元商店街と対立する事態などが相次ぎ、これらを契機に、ようやく中小企業の事業分野を守る法律成立の機運が高まった。国会内に分野調整小委員会が作られ、昭和52（1977）年にようやく分野調整法が可決され、同年施行された。我々飲料メーカーの分野で、どの製品を守りたいかというのは、それから次第に形作られていくのだが、その契機のひとつが、ローヤル飲料の缶詰ラムネだった。

あれは、現在のホッピービバレッジ赤坂

本社ビルを建築中の頃だっから昭和50年頃だったろうか。宮崎県の都城市から、南日本酪農協同の最上さんという方が訪ねてきた。彼はカルピスのような乳酸飲料に炭酸を混ぜた製品を携えていた。実は、うちの父もカルピスにガスを入れてずいぶん試作をしていたのだけれど、豆腐みたいに固まってしまい、うまくいかないので諦めていた。最上さんはそこへ成功事例を携えてきたので、父もこれはすごいと大感激した。見た目もきれいにできていて、味もいい。ガスもちゃんと効いている。最上さんは、これをうちで製造してくれないかと打診してきた。関東地区で販売するためにこちらに製造拠点が欲しいということだった。ところが、うちはホッピーのために酵母菌を使っている。そこで乳酸菌を扱うわけにはいかない。菌同士だからうまくいかないのだ。でも、あんまり良くできているものだから、売るのはやらせてもらうという話になり、製造拠点は他を当たってもらうことにした。それから程なくして、再び最上さんがやってきた。今度はなんだか血相を変えた様子だった。こちらでいよいよ大々的に売ろうとしたら、東京の同業者がすでに商標登録をしているので困っているというのだ。その炭酸入り乳酸飲料の商品名は「スコール」といった。その商標を、なぜか東京のローヤル飲料が持っているというのだ。「このままじゃ売ることもできないからなんとか取り計らって、許可が出るようにしてほしい」と頼りにされたのだ。父は東京の清涼飲料組合の理事長だったから、じゃあ一緒に行きましょうと、最上さんを伴って墨田区東向島のローヤル飲料の土倉さんを訪ね、「なんとか安く譲ってやってよ」と話をつけ、商標が使えるようになった。ただみたいなものが、100万円。仲介した父は一銭ももらえなかったよと笑っていた。

前置きが長くなったが、そんな土倉さんが昭和52（1977）年にラムネを缶詰にした。ラムネといえば、普通はビー玉入りのガラスびんに入っている。それを缶詰にして売り出したのだ。それをみて、僕と父は「そんな缶詰にして売れるわけない」と笑っていた。案の定、当初の売れ行きは大したことがなかった。それが、大手食品卸の国分に話を持って行き取り扱ってもらった途端、300万本があっという間に売れてしまった。それで業界はびっくりしたと同時に、大きな危機感を持った。それというのも、缶詰では我々中小飲料メーカーはすでに痛い目にあっていたからだ。

かつて、ミルクコーヒーはびん詰めだった。それはうちでもやっていたし、中小の飲料メーカー各社が商品として出していた。ミルクコーヒーは、ミルクが入るので120℃で殺菌しなくてはいけない。100℃以下なら熱湯をかければ済むが、120℃だと密閉タンクを使わないといけない。加圧して蒸気を入れて120℃まで上げて殺菌する。その手間は大変なのだ。加圧タンクにミルクコーヒーが入ったびんを入れて、蓋をしてネジ締めして、蒸気を入れて一定時間熱を加え、蓋を開けて取り出す。中には、急いで蓋を開けて大火傷をすることもある。手間がかかるうえに危険で、その割に数が売れない。だから、大手は手を出さなかった。それが、缶コーヒーが出た途端、びん詰めはたちまち缶入りに席巻されてしまった。いまでは缶コーヒーが全盛となっているのを見ればお分かりいただけるだろう。びん詰めのミルクコーヒーは、いまでも分野調整法のひとつに入っているが、「缶で出してはいけないことにはなっていない」。そこが肝心なところだ。中小の清涼飲料メーカーとしては最後まで守るべき砦ともいえるラムネで、同じ轍を踏むことになってはいけない。缶入りのラムネが大手企業から発売されたら、我々中小飲料メーカーはひとたまりもない。そこで、我々は清涼飲料組合として働きかけを始めることにした。

◆ラムネを守りきった

昭和52（1977）年、ローヤル飲料が作った缶入りラムネは、大手食品卸の販売力もあって300万本が瞬く間に売れた。これは我々の当初の予想をはるかに超える数字だった。サイダーとラムネの日本での起源を辿ると、黒船につながる。江戸時代末期ペリーが浦賀にやって来た時にもたらされたレモネードが、転じてラムネになった。サイダーはシードルから転じたものだ。ラムネはビー玉が入ったいわゆる「玉詰びん」に入ったもの。このびんは製造コストがかかるので、繰り返し使うためにびんを回収してリサイクルすることになる。そうなるとあまり遠くまで販売エリアを広げることはできないので、自ずと地域限定の、地元の中小清涼飲料メーカーの商品となった。三ツ矢サイダー、キリンレモンに代表される大手

手動式ラムネ製造機でのラムネ製造工程

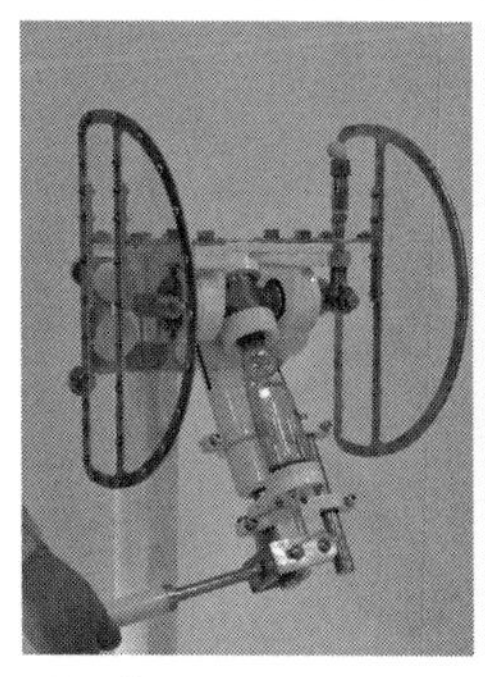

①まず液を注入。ビー玉はびんの中ほどにあるため、液が入っていくのを邪魔しない。

②一定量を注入したら、びんをぐるっと回し逆さまにする。製造機内の弁が作動するため液は逆流しない。

③この状態で、びんの中のビー玉がびんの口側に落下する。ビー玉で栓をしたら、①の位置に戻す。ビー玉はガス圧で落ちることはない。

ビール会社のサイダーは、中小の飲料メーカーが全国各地で製造するラムネの総量をこの時既に上回っていた。

ガラスびんのラムネは、ガス圧を使ってビー玉で栓をするために、びんの中でビー玉が動けるような独特の形をしている。ラムネを充填する時は、びんを立てたままの状態で液を注入し、次に逆さまにして、ビー玉がびんの口のところに落ちてくるようにする。そして元の正立した状態に戻った時に、ガスの内圧でビー玉が押され栓をする形になって充填が完成する。ビー玉でしっかり栓をするためにガス圧も高く保たなければならない。当然、びんが破裂しやすいので作業中は防護用のお面を被った。破裂時の爆発音は大きなもので私の子守唄になっていた。ラムネの栓をあけてビー玉を落とすとあっという間に半分がこぼれてしまう。泡食った子供の顔が目に浮かぶ。

ラムネのびんは複雑な形をしているために、回収して洗うのも大変手間がかかる。その上、充填するのにもいちいちびんをひっくり返すなんて、そんな面倒なことは大手はやらない。手間をかけてやっていられないから、ラムネは自然に中小の飲料メーカーだけが扱うようになった。サイダーもラムネも明治初期には大手と中小がともに手がけていたのだけれど、サイダーは大手、ラムネは中小という棲み分けがいつしか自然にできていった。中小でも根岸の長田商店さんの「花月サイダー」は三ツ矢サイダーを上回っていたと聞いたことがある。うちは、戦前はイカリラムネを赤坂の歩兵連隊に納めていた。戦後になって社名をコクカ飲料にしてコクカサイダーをちょっとやったが、基本はラムネ屋だった。うちのイカリラムネも大したものだった。父は大正時代、浅草で「処女林」というカフェを経営し、映画館の売店も2軒あった。そこへ森永のセールスマンがミルクキャラメルを売り込みに来た。父は同じキャラメルが映画館の内と外とで売り値が違うのはサービスにならないと形を変えることを提案し、真四角の箱に入れて「劇場用」という判を押して売り出すことにした。キャラメルは爆発的に売れた。方々の売店がうちにも卸してくれと森永にいうと、これは石渡さんのアイデアだから石渡さんの許可を取ってくれと律儀に紹介を寄越す。父は「あぁ、いいよ。その代わりラムネはうちのイカリラムネにしてくれよ」ということで、歌舞伎座をはじめとして松竹系の映画館は殆どうちのラムネが入った。ところで、海軍なら分かるけれど、陸軍に納めていたのにイカリラムネというネーミングはなんでだろう。親父さんについぞ聞きそびれてしまったが、今思うと謎だ。

そんな歴史的な背景もあって大手が手を出さなかったラムネに、缶詰ができた。缶詰だと大量生産が可能で、それこそ大手の商品になってしまう。そこで我々全国の中小清涼飲料メーカーは缶入りラムネの製造販売中止を求めると同時に、ラムネは「ガラス玉で密栓することを特徴とする清涼飲料」という定義付けをして、それを特許庁も認めた。従って、あのビー玉入りのラムネのびんに入ったものだけがラムネと称することができ、それ以外のものはラムネという名前が使えなくなった。実は今でも時々、びん入りラムネではないものにラムネという名称を使いたいという申請が届くことがある。その都度、歴史的背景から丁寧に説明をして、ラムネは我々中小の飲料メーカーの大事な商品だからと、ご理解をいただくようにしている。

ところで、ラムネはこうして守ることができたが、今でも残念なのは甘酒だ。甘酒はもと中小のものだった。我々の仲間みんながこぞって製造販売していた。びん詰めにして作るそばから売れた。甘酒は麹を使うので温度管理もしなくてはならない。その点で中小の飲料メーカーには設備的にも難しいところがあったせいか、そのうち作るところが減っていってしまい、いつしか製造するメーカーがほとんどなくなってしまった。今では健康飲料として好まれているし大変良く売れているが、あれも中小の飲料メーカーの範疇に加えることができたと今でも思っている。

◆シャンメリーの製造

ラムネと同様に、びんの中のガス圧が高い商品にシャンメリーというのがある。アルコール分が1％未満の炭酸飲料である。これは、当時下谷にあった三和商会の関さんという同業者が発案したもので、生ぶどうエキスや香料をブレンドしてシャンパン風に作り、コルクの栓を針金で止めていかにもシャンパンみたいな形になっていた。当初はソフトシャンパンという名前で売り出され、これが飛ぶように売れた。当時の繁華街にはグランドキャバレーがあった。広いフロアにたくさんのボックスシートがあってホステスさんを相手に飲み、バンド演奏に合わせてダンスを踊る。ソフトシャンパンは主にグランドキャバレーに卸され、栓を抜くとポンと勢いよく音が出て景気がいいと、各テーブルで競うように開けられた。ノンアルコールだからホステスさんはいくら飲んでも酔わない。しかも、良い値で売れる。店にとっては願ったり叶ったりの飲み物だった。当時はグランドキャバレー流行でクリスマスともなると席を確保するのも大変な盛況ぶりだった。そこで店側はデコレーションケーキとソフトシャンパンをセットにした席を法外なクリスマス料金で予約を受け、往時のキャバレー王の懐は大いに潤ったという。そんな逸話も残されているソフトシャンパンだが、ノンアルコールだから子供でも飲める。その頃世の中は急速に洋風化していて、クリスマスにはケーキを買ってソフトシャンパンで乾杯するというのが庶民の間にも広まっていった。広く世間で飲まれるようになると生産する方も大変だ。関さんはえらい人で、ソフトシャンパンの製法を独占することなく、みんなが良くなるならと広く同業者に公開した。それで、他の同業者もこれを作り始めた。

今でもクリスマスシーズンに人気が根強いシャンメリー。

ともかくクリスマスには爆発的に売れるので、製造は夏から始め、大量に作り置いてクリスマス商戦で一気に捌く。中小の飲料メーカーにとっては大切なドル箱となった。人気を博したソフトシャンパンは、人気があるだけにフランスのシャンパン製造業者から目をつけられ、シャンパンの名を使ってはいけないとクレームが入った。そこで、昭和48（1973）年に「シャンメリー」に名称を変更した。シャンパンとメリークリスマスをくっつけた名前だ。名前だけでなく、次にクレームをつけてきたのは形態だった。コルクと針金で密封する方法がシャンパンを真似ているというので、コルクをポリ栓に変えた。

うちも一時期シャンメリーを作っていた。ちょうどその頃、酒問屋を通じての商いを始めたところだった。返品なしでやってくださいとお願いをしていたがなかなかそうもいかない。ある酒問屋からシャンメリーの注文を受け納品したところ、大量に返品がきてしまった。置き場所に困っていたら、ちょうど杉並区堀ノ内の小屋が空いていたので、そこに戻ってきたシャンメリーを保管した。翌年この在庫を出荷しようとしたら、変敗してみんな処分するしかなかった。同業者の中には倉庫を借りて保管している人達もいて、彼らの被害はさらに甚大なものだったと思う。そもそも当時のポリ栓は熱に耐えられないから、殺菌できない。それで僕はシャンメリー製造から手を引いた。ところが、それからしばらく経って、広島の同業者からシャンメリーの製造依頼がうちに来た。もうシャンメリーはやらないと思っていたのだが、聞けば殺菌して作ってくれという。なんでもその広島の業者は殺菌できる耐熱性のポリ栓を開発したのだという。いま全国各地で作っているシャンメリーはこのポリ栓を使っているのだろう。

ところで、シャンメリーを開発した関さんはアイディアマンで、いろんなものを作った。缶コーヒーも関さんが初めて開発して売り出した。それがいまの缶コーヒーブームの先駆けだ。これも関さんは独占なんてことはせずに、分け隔てなく誰でも作れるようにと特許も取らなかったんだと思う。

シャンメリーの話に戻るが、そういう関さんが開発したシャンメリーだし、我々の仲間である中小の飲料メーカーが売れ筋と頼むものだった。分野調整法ができて、その法によって守られるべき我々中小の製品分野を決める際に、このシャンメリーもぜひ加えようということになった。それは、それまで中小だけが製造していたからという理由だけではない。関さんは我々同業者みんなのために製法を公開してくれた。ならば、これを守るのは僕らみんなだ。なんとしてもこの製品は我々の仲間の中で守ろうという熱い思いもあってのことだった。

◆焼酎割りの闘い

ここまでラムネとシャンメリーという2つの商品について語ってきたが、いよいよここからは本丸の焼酎割り飲料の話になる。

昭和57（1982）年、我々中小の飲料製造業の仲間で作る組合連合会では、ある会議が開かれていた。中小企業の事業活動を確保するための分野調整法に基づき、大手企業に対して我々が守りたい製品をどれにするか、対象候補を決める会議だった。ラムネとシャンメリーの他にもびん入りミルクコーヒーだとかポリエチレン詰めの清涼飲料（チューチューと呼ばれているもの）とかが候補に上った。その時、当時の理事長だった西尾さんが、焼酎割り飲料も入れようと言い出した。ちょうどその時ハイサワーが爆発的に売れ出し、年間60億円ものすごい商品に育っていた。そもそも焼酎割り飲料というのは、終戦直後の闇市の時代から我々中小の飲料業者が飲みにくいメチルをどうにか飲みやすくするために、ぶどう割りや梅割りなど、シロップで味をつけたものを工夫して作ってきたという歴史的背景がある。酎ハ

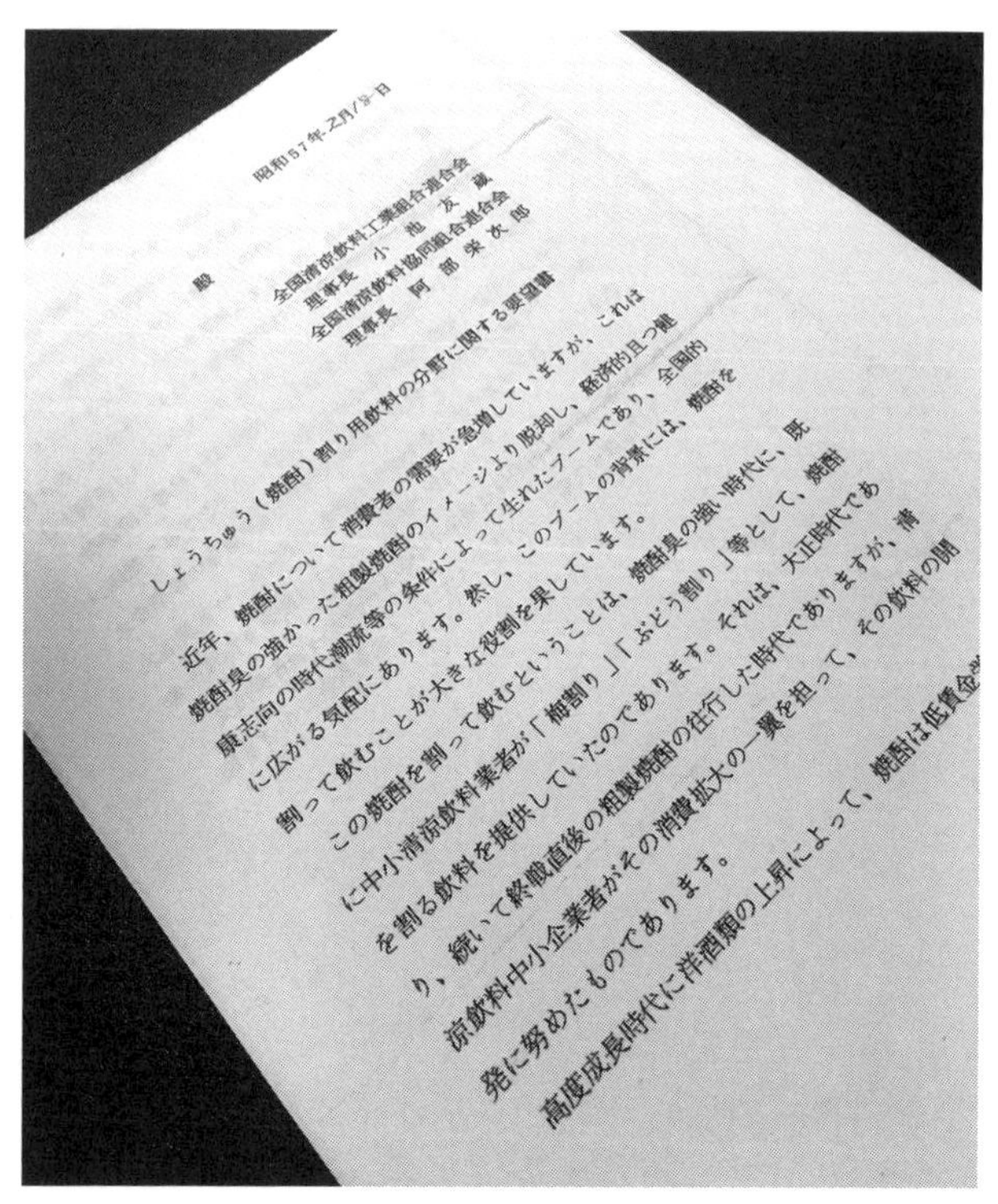

昭和５７年２月１８日

殿

全国清涼飲料工業組合連合会
理事長　小池友蔵
全国清涼飲料協同組合連合会
理事長　阿部栄次郎

しょうちゅう（焼酎）割り用飲料の分野に関する要望書

近年、焼酎について消費者の需要が急増していますが、これは焼酎臭の強かった粗製焼酎のイメージより脱却し、経済的且つ健康志向の時代潮流等の条件によって生れたブームであり、全国的に広がる気配にあります。然し、このブームの背景には、焼酎を割って飲むことが大きな役割を果しています。

この焼酎を割って飲むということは、焼酎臭の強い時代に、既に中小清涼飲料業者が「梅割り」「ぶどう割り」等として、焼酎を割る飲料を提供していたのであります。それは、大正時代であり、続いて終戦直後の粗製焼酎の往行した時代でありますが、清涼飲料中小企業者がその消費拡大の一翼を担って、その飲料の開発に努めたものであります。

高度成長時代に洋酒類の上昇によって、焼酎は低賃金

昭和57年に大手企業に送付した要望書。

イにしても、安い焼酎を我々同業者の仲間が作った炭酸で割ってレモンをスライスで入れた焼酎のハイボールのことだ。これも一番安いアルコール飲料ということで売れた。つまり、これらはみんな中小が地道に切り開いてきたものなのだ。大手は、特にビール会社などは、焼酎なんてちょっと下に見ていたというか、目にもくれなかった。その間にも我々中小は焼酎割りをコツコツとやってきた。中小が一生懸命育ててきたものなのだ。それがハイサワ

ーでどっと売れた。「売れてきたからといって、大手さん、やらないでください」と、その要望書に入れちゃおうというわけだ。

さっそく組合の中に焼酎割り飲料部会というものが作られ、僕がその部隊長になった。昭和57（1982）年2月に、各大手企業宛に「焼酎割り飲料の分野に関する要望書」を送付した。内容を掻い摘んでいうと、こうだ。「焼酎は経済的かつ健康志向の現代にマッチして今やブームとなったが、その一翼を担ってきたのは清涼飲料中小企業である。高度成長期に洋酒ブームになり焼酎の売り上げは落ち込んだが、焼酎業界の努力と我々の苦労とによって再びブームになった。だから今後大企業がこの分野で事業を始める時は、我々の利益を侵害しないようにしていただけないか。ともに連携をとって秩序を守っていきたい」。つまり、我々の基本的スタンスは、規制ではなくお願いだった。分野調整法でも大企業に強制はしていない。話し合ってうまくやってねという法律なのだ。だから、その後の我々の戦いは地道な努力を積み重ねていく非常に苦しいものになるのだが……。

当時焼酎割りのブームを大手がただ黙っていたわけはもちろんなくて、大手もこぞって焼酎割りの製品に手を出し始めた。なんとかサワーとか名前をつけて大々的に売り始めた。大手だから、いきなり1万ケースも作って売り出したりと、スケールが違う。そこで、早速要望書を送って談判に及ぶのである。「そんなこと言わずに中小の分野製品として認めてくださいよ」。我々は方々の大手に頼んで回ることになった。すでにサワーを出していた京都の宝酒造（現・宝ホールディングス）にも行った。当時専務だった田邊さんが会ってくれた。話の分かる人でスパッとやめてくれた。その後社長から会長にまでなられた人だったが、さすがに決断の早い人だった。これはうまくいった例だが、中には、中小の仲間なのに裏切り者もいた。P社と組んで、「我が社の名前を使って、P社さんサワーを出してもいいですよ。でも絶対に、Pとは一切言わないで、くれぐれもうちのブランドで出してください」。その代わりにと手数料をうんともらって、何億円も稼いだ中小がいた。神奈川の同業者だった。こっちが一生懸命やってるのを利用して自分の利だけ取って知らん顔をしていた。我々が大手を相手に頭を下げて回っているところを後ろからバッサリやられた気がした。これを裏切りと言わずしてなんというか。憤慨するというより情けなかった。しかも、その同業者は僕には慶應の先輩ときた。お前は後輩なんだからなんて威張ってやがって、何言ってんのって気持ちだったなぁ。しかし、そんな裏切りにいちいちめげてはいられない。焼酎割りの製品分野を我々中小が作れるように守ること。これは、中小の仲間が未来に生きて行く道を確保するための死に物狂いの戦いでもあったのだ。僕の中にあったのは、いかに中小が大手に対抗して生きていくか、その闘争心だった。

◆タコハイ用ソーダの交渉

分野調整法を基盤にした、我々中小の飲料製造業の生き残りをかけた大手企業への働きかけは、全国の仲間が手を取り合ったまさに総力戦だった。例えば、新潟の仲間は新潟選出の国会議員を紹介してくれた。のちに農水相になった佐藤隆さんだった。議員事務所に彼を訪ねて我々の窮状を話すと、彼はその場で担当局長に「今、こういう人をそちらに向かわせるから、よく話を聞いてやってくれ」と電話してくれた。私はその足でその担当局長のところに出向いた。偶然なのだが、佐藤氏の事務所の人達は、当時うちのビルの1階にあった焼き鳥屋「若大将」の常連だった。それでたちまち事務所の皆さんとも仲良くなった。佐藤氏の属する派閥が催す赤坂プリンスでの朝食会にも何度かお邪魔したこともある。佐藤氏は、「中小のやってることを大手が真似してどうするんだ」と怒ってくれた。その一方で四国出身の某議員には、「誰が何をやろうと自由だ」とけんもほろろの門前払いを食らわされた。我々中小のことなどちっとも考えてくれず、それはそれは憎らしかった。

またある時は、大阪の仲間から僕のところに連絡が入った。サントリーの社長佐治敬三さんの講演会がこれからあるので、焼酎割り飲料部会の部長として直訴文を書けと言ってきた。それを直接手渡しするのだという。あまりに熱心に勧められるので書かざるを得なくなった。

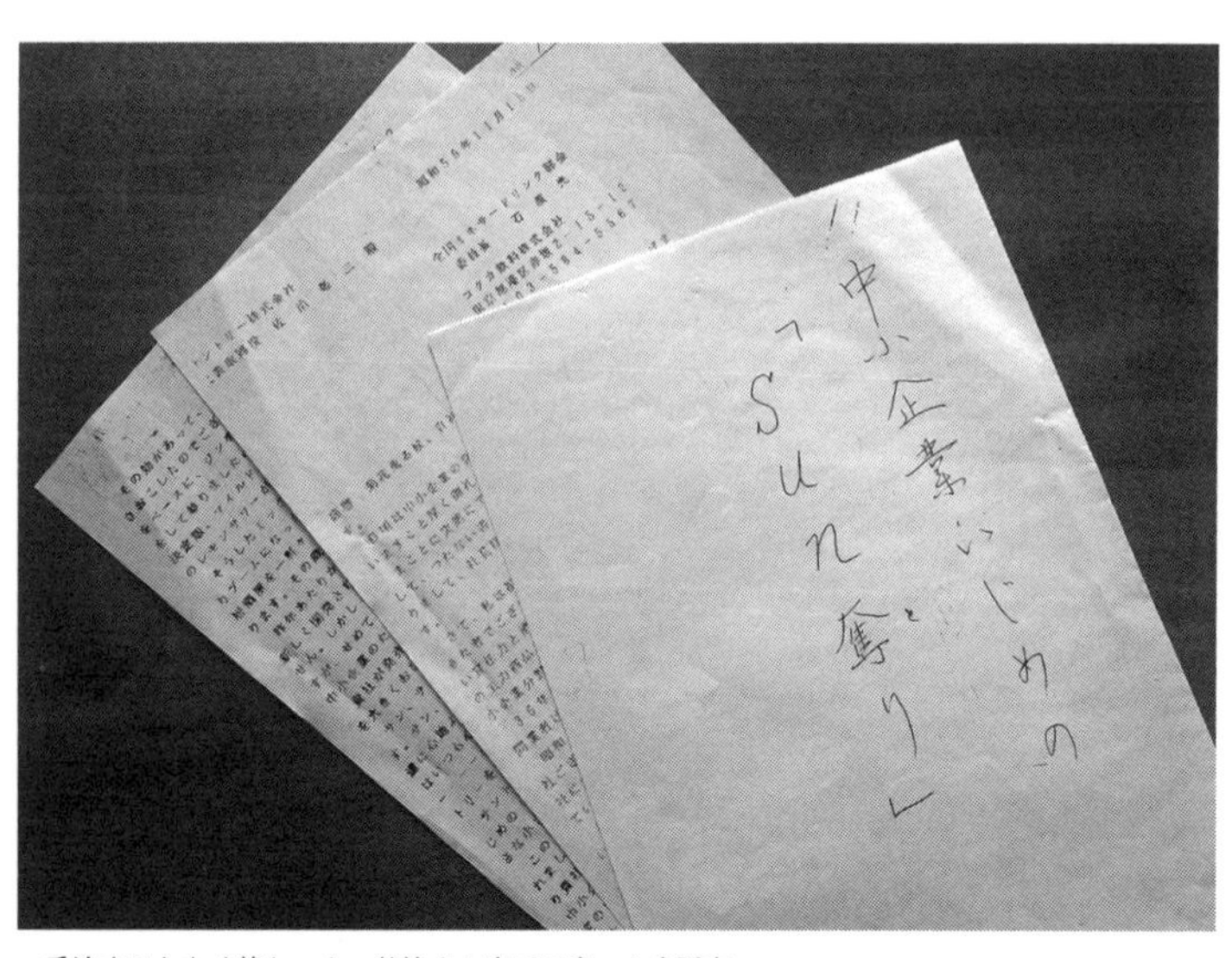

手渡すことなく終わった、佐治さん宛てに書いた直訴文。

どうせ書くなら面白く書いてやろうと、案を巡らせた。当時「ビューティフル・サンデー」という歌が大ヒットしていた。しかも、ちょうど赤坂小学校の日照問題にも関わって「子供達から太陽を奪わないでください」と運動もしていたし、色々太陽（SUN）が絡んでいるので、閃いた。あまり強硬に言い立てるのではなく、相手を立ててユーモアを交えて書いたのが「中小企業いじめのSUN奪り」という一文だった。「私達に心地よい酔いを提供していただいているサントリー、私達も愛飲しています。焼酎割り飲料は私達中小の心の太陽です。サントリーさまが中小企業の分野に進出されると、弱いものいじめの〝SUN奪り〟になりかねません。どうか私達に小さな小さな太陽を残してやってください」と書いた。結局この直訴文は、佐治さんの手には渡らなかったが、我ながらいいできだったと今でも思っている。

当時サントリーとは、タコハイ（ブームとなったサントリーのハイボール）用ソーダを巡って交渉中だった。我々としてはこれの販売を取り下げてもらいたかった。何度目かの会合で、サントリー側の担当が代わり、ちょうどフランス駐在から日本に戻ってきたばかりの山岡さんという方になった。彼は、「中小が困っていることはやめますよ。すぐにやめます」と言ってくれた。これには我々はみんな手を取り合って喜んだ。「本当に？ではそれを文書にして出していただけますか」と畳み掛けると「ああいいですよ。来週にでもお出しします」と言ってくれた。しばらくして、サントリーの赤坂本社に来てくれというので、全国清涼飲料協同組合連合会の西尾理事長以下、僕も含めて3～4人で行った。そこにはサントリーの常務が待ち構えていた。常務の隣には山岡さんも控えていた。常務はいきなり僕らに切り出した。「うちの社員には、そんなバカなことを言う人間はひとりもいねえはずだ」。一瞬あっけに取られた。言った本人の目の前でこのタンカだ。フランス帰りの部長山岡さんだって身を竦ませるだけ。そのくらい常務の居丈高な物言いはすごかった。仮にも大手企業の部長という立場があるのだから、僕らの眼の前で、間接的にせよ頭ごなしに怒鳴りつけるなんて普通はしない。初めて会って開口一番、なんの話もしないうちに怒鳴り出しちゃったから、僕らはあっけにとられちゃった。反論すれば山岡さんの立場がない。山岡さんに向かってあんた言ったでしょなんて言えない。山岡さん困っちゃうから。それに、常務だって困っちゃう。

自分の部下が言ってることになっちゃうからね。振り上げた拳の下ろしどころがなくなっちゃう。だからしょうがないから、僕らはみんなただ押し黙ったまま何も言わなかった。その時は不思議にみんなの気持ちがぱっと通じて、反論めいた言葉は誰の口からも出なかった。今日のところはこのまま帰ろうと腰を上げその場を辞した。そしたら、常務がエレベーターまで送ってきて、僕のところに来て、「お前面白いやつだな」と、こう言うんだ。それで僕は、ああこれはなんとかいけそうだなと思った。

その後、サントリーはなし崩し的にタコハイ用ソーダの販売はやめてくれた。正式に販売中止の知らせはなかったけれど、すーっと引いてくれた。結局、そのサントリーを最後に、大手が焼酎割り飲料から手を引くまでに3年を要した。自分でもよく我慢してやったと思う。組合の人達にしてもみんな消極的で、大手に進言してもどうせダメだとか、会いにいっても聞いてくれないとか、そんな姿勢だった。だが、僕は絶対に阻止しなければならないという信念を持っていた。やれるかやれないかではなく、絶対やらなくてはならないことだった。いってみれば、生きるか死ぬかの境目だという気持ちだった。だから、今のホッピーがある。

それからしばらく経って、ドイツのケルンだったかで人形展があり組合として14～15人で行ったのだが、その時に山岡さんも一緒だった。その後パリにあるサントリー館に行って、一緒にしこたま飲んだ。相当お金を払った記憶がある（笑）。それで、山岡さんとはすっかり打ち解けて仲良くなった。いい人なんだ。だから、中小のためにとソーダの販売中止を受けてくれて、結果的にそれは成就した。パリでこうして山岡さんとお互い胸襟を開いて飲めたことが僕はことのほかうれしかった。おかげで、かなり酩酊しその後ムーラン・ルージュに繰り出したのだが、はじめからおしまいまで居眠りしちゃって、なんにも観てない。

10章……赤坂の街とともに

◆赤坂氷川の山車を見つける

かつて、江戸の祭りは神輿と山車が連なって巡行する華やかなものだった。その代表的なものとして、神田明神と山王日枝神社の「天下祭・御用祭」が挙げられる。山車は、江戸型山車といって、高さが変えられる仕組みになっていた。神田明神と山王日枝神社の祭りは、江戸城内に入って将軍上覧の栄に浴することになっていた。そのため、背の高い山車が城門をくぐる際には全体を低くする必要があった。赤坂氷川神社の山車も、そのカラクリが組み入れられた江戸型山車だった。赤坂氷川神社の祭礼「赤坂氷川祭」は江戸城内への巡行は行われていないのに、同じ構造になっている。そこはひとつ謎なのだが、その話はのちほどするとして、赤坂氷川神社の江戸型山車と、その上に乗る人形に注目したある研究者がいた。

大妻女子大学の是澤博昭准教授（当時）だ。江戸の人形文化研究の第一人者の彼が、氷川神社の倉庫に眠る9体の山車人形を見つけ出した。これは大発見だった。例えば、現在の神田明神の祭りは神輿が中心で、江戸型山車の姿はそこにはない。江戸型山車は、天下祭の廃絶とともに、明治、大正を経て、東京の街から姿を消してしまって久しい。赤坂氷川神社の山車は、それでも戦前までは祭りに出てきたが、戦後はしまいっぱなしになって、いつしか人々の意識の外に追いやられていた。使われることなく倉庫にしまい置かれたからこそ、現代まで生

平成28(2016)年9月に行われた赤坂氷川祭。
写真は山車人形のひとつ「猿」。

きながらえたともいえるのだけれど。

元々、赤坂氷川神社の山車人形は13体あった。しかし、是澤博昭准教授が掘り出せたのはそのうちの9体。4体は朽ち果てて復元が不可能な状態になっていた。この話に真っ先に飛びついたのは当時の惠川義浩禰宜(ねぎ)だった。今の義孝禰宜のお兄さんだ。江戸型山車と山車人形は、明治以降、東京から関東一円へ流出し、あるいは、関東大震災と東京大空襲によって消失し、そのほとんどが残されていない。現代の東京でこれほど大量に現存していたという奇跡には驚かされた。江戸の文化を伝える貴重な財産が自分の神社にあることに興奮を抑えられなかった。しかしながら、部位によっては傷みも激しく、これを完全に修復し維持するには膨大な資金と人手が要る。そこで、人を募り資金を集めてＮＰＯ法人「赤坂氷川山車保存会」を発足させた。僕は当初は副会長に就任し、その後、設立にご尽力された初代会長の礒野さんがお亡くなりになり、そのあとを引き継いだ。

僕は常々、この赤坂を盛り上げるにはどうしたらいいかを、もう四六時中考えていた。僕が赤坂に戻ってきて間もない頃、大名行列をやったことがある。赤坂を盛り上げる会というすごい組織があって、そこで仕掛けたイベントだった。会には、与謝野馨さんとか海江田万里さんとか、他に衆議院議員もいて、錚々たるメンバーが揃っていた。僕は、目黒から赤坂に戻ってきたばかりだったけれど、赤坂の老舗酒屋四方さんと並んで裃をつけて赤坂通りを歩いた。四方さんとは小学校のＰＴＡ会長同士で友人だった。だが、2回くらいやったところでこの大名行列も消滅してしまった。あまり盛り上がらずに会も解散してしまったのだ。どうしてなのかと考えたら、メインテーマがないのだ。初めは面白くて見に来てもらえるのだけれど、そもそも大名行列をここでする強い理由がない。だから、盛り上がらずに空中分解してしまったのだ。その時から、何かメインテーマが欲しい、逆にそれがなければ続かないとずっと思っていた。そういうところに、氷川山車の話が降って湧いた。そこで、赤坂を盛り上げていくには氷川神社を中心にしてやらなければダメだなと改めて思った。まさに、「得たりやおう」という心境だった。「赤坂を盛り上げる」というのは、つまり、「祭り」を仕掛けるということだ。その核になるものは、やはり神社だという、なんともどんぴしゃりな展開。ジグソーパズルのピースがぴったりと揃った面持ちだった。

氷川山車の復元には、港区の大きな協力もあった。山車の修復に1300万円ほどの費用がかかったがそのうちの8割を捻出していただいた。最初の4本が復元できたのはそのことが大きい。赤坂氷川神社に残されていた、東京のみならず日本の貴重な文化遺産を後世に残し伝える意義を理解し賛同していただけたことが、保存会としても大変喜ばしかった。

僕自身も、ホッピービバレッジの社長業を娘に譲ったタイミングと重なり、赤坂氷川神社をもっと盛り上げるにはどうしたらいいかと、こちらに本腰を入れようという気になっていた。

◆吉宗公が帰ってきた

神田明神と山王日枝神社の山車には、江戸城内まで巡行するために背の高い山車が城門をくぐれるよう全体を低くするカラクリが仕掛けてあったというのは前述したが、赤坂氷川神社の江戸型山車にも同じ仕掛けが組み入れられていた。江戸城巡行を行わないのに同じ構造になっているのは謎だと書いたが、その謎解きをしてみたい。

赤坂氷川神社は8代将軍徳川吉宗公ゆかりの神社だから、他の2社とは幕府側の扱いが違っていたのではないかというのが僕の考えだ。吉宗公は単なる8代目の将軍というより、徳川幕府の中興の祖といってもいい。その吉宗公が直々に遷座した神社ゆえ、吉宗公以後の将軍が、赤坂氷川神社の山車をわざわざ江戸城内まで出向かせ、拝謁させるなど恐れ多いと思ったとしても不思議ではない。山車をはじめに作る時は、3社とも共通した仕掛けで作られ、氷川山車だけわざわざ別誂えにはしなかったのだと思う。だから、人形が上下する仕掛けが氷川山車にも組み入れられていたと推測するが、皆さんはどう思われるだろう。

さて、その氷川神社だが、全国に280社ほどあると言われている。いくら赤坂の名を冠したとしても、それだけでは数多ある氷川神社の中で埋没し、人の心に残らない。そこが神田明神とは違うと思う。赤坂の氷川神社を印象づけるための何かいいアイディアはないかと

赤坂氷川祭での松平健さん演じる将軍吉宗公の巡行(平成28年)。

ずっと考えていた。一番の差別化は、吉宗公だ。でも、吉宗公をどうすればいいのか、そこが思案のしどころだった。そこで、神社の会合の場で、はじめは半ば冗談で「宮司さん、ひとつ宣伝を兼ねて松平健さんを呼んではどうでしょう」と提案した。その場では面白いねと賛同者もいたが、座興のひとつくらいに受け取られた。しかし、僕の中ではだんだん本気になっていた。本当に呼んだらどうだろうと仲間に話をしてみたら、赤坂見附の町会長が「うちは親戚付き合いをしている」と言う。これには僕もちょっとびっくりして「本当なら、相談してみてよ」と言うと、「いいよ、日程さえ合えば来てくれるよ」と請け負うではないか。これは、渡りに船だ。しかも、乗り掛かった船だ。出演料がいくらかかるか分からないけれどまあいいやとその場で招聘をお願いした。それが平成28（2016）年の、天下の暴れん坊将軍徳川吉宗公こと松平健さんを招いての、氷川祭の吉宗公の行列になった。瓢箪から駒とは、まさにこのこと。その駒ならぬ駿馬にまたがって赤坂通りをいく吉宗公は天下の大将軍、眩しかった。この行列が実現した時は、うれしかったねぇ。

◆宮神輿で完成した、祭りの姿

昔の氷川祭は、宮神輿を中心にして13本の山車が宮神輿を守るようにして街を練り歩いたという。その宮神輿は先の戦争で焼失してしまった。文字通り、宮神輿は祭りの中枢で、これがなくちゃしょうがない。祭りの魂の真ん中が宮神輿だ。そこで、僕はまたしても宮司さんに提案した。「宮神輿を作りましょう」。浅草の宮本卯之助商店に制作費を聞いた宮司さんはなかなか、うんと言わない。これは宮神輿なんだから、お宮さんが出してくれなきゃと言っても首を縦に振らない。じゃあ2つ出すからと言ったら、ようやく話に乗ってきた。やれやれ。でも、宮神輿を作ると神輿庫が要る。それも僕が3分の1、お宮さんが3分の2ということで手を打った。

神輿は、昔は牛に曳かせていたそうだけれど、今時牛に曳かせることはできないから、やはり人が担げる神輿にしよう。僕は、そこでも話題にならなくちゃダメだと思った。単なる

新調した宮神輿の巡行(平成28年赤坂氷川祭)。

神輿じゃ面白くない。人がかつげる最大の神輿にしよう。そういって宮本卯之助商店に頼んだ。だが、神輿を作っている間に、惠川義浩禰宜さんが亡くなった。神輿ができ上がるのを一番楽しみにしていたから、さぞや心残りだっただろう。それで、禰宜さんの思いを神輿に入れたいなと相談したところ、禰宜さんが夢見ていた13本の山車が揃って巡行している様子を彫刻して、神輿の飾りとしてはめ込んでくれた。それは見事なもんですよ。そうしてでき上がった大神輿は、みんながバランスが良いと言ってくれた。具合の悪い神輿だと担いでいて重みが肩にずしりとくるのだそうだが、これはバランスが良いから割合軽く担げるという。祭りの時は、宮神輿が陽を浴びてゆらゆらと光り、担ぎ手の顔も輝いていて、それもうれしかったなぁ。

ところで、氷川山車だけれど、山車に乗る人形は、元々全部で13体あった。そのうち、4体は朽ちて、残りの9体をなんとか復元できた。その9体を、これまた復元した車台4台に取っ替え引っ替えして載せてきた。ひとつの人形に1台の車台が理想だけれど、そうなると今度はその保管場所も考えなくてはならない。そこに、いい話が飛び込んできた。溜池のツインタワービル建て替えにあたり、国家戦略特区になると容積率が緩和される。そのための条件は地域貢献ということで、氷川山車に白羽の矢が当たったのだ。新しく建てるビルに山車3本分の保管場所を作ってくれるという。それだけじゃない、氷川神社の境内にも2本分の展示収納庫を確保してくれるという。しかも、これら5本分の車台5台を新たに作るというなんとも夢のような話だ。実現すれば、現在復元できた9体の人形すべてがそれぞれの車台を持つことができる。忘れ去られたように神社の倉庫に埃をかぶって放置された人形と車台を、ひとつひとつ復元してきた保存会の活動が、こうして大きく展開し、氷川山車が新たな脚光を浴びる場を得たことは感慨深い。

◆赤坂のために、勝と龍馬の師弟像

平成29（2017）年の1月に、坂本龍馬の書状が新たに発見された。坂本龍馬が慶応3（1867）年11月15日に京都近江屋で暗殺されるわずか5日前に、福井藩の重臣に宛てて書かれたものだった。新政府に財源がないことを憂いていた龍馬が、福井藩の財政を立て直した三岡八郎（後の由利公正）を、新国家のために幽閉を解き新政府の財政担当者として使わせてほしいと請願する内容だった。龍馬は新国家という言葉をそこで使っている。龍馬がそこまでになったのは、暗殺しようと出向きその場で弟子になってしまった勝海舟の薫陶を受けたからだ。

ある日、NHKのBSの番組「英雄たちの選択」を観ていたら、勝海舟を取り上げていて、すごい人だなとものすごく感銘を受けた。勝は23歳の時に嫁さんを連れて赤坂へ蘭学の修行に来た。それから50年も赤坂に住んでいたことをそのテレビで知ったのだ。初めの住まいは、今のみすじ通りの入り口のところにあった。勝はお金がなくて、オランダ語の辞書『ドゥーフ・ハルマ』を借りてきて写したそうだ。僕はそれが1巻だけだと思った。そしたら、10巻くらいで1セットだった。それを写本して2部作り、ひとつは売って生活費にし、もう一部は自分のものにした。大変だったろう、オランダ語だし。でも、ずっと貧乏で、冬は寒いってんで、障子の桟やら天井板やらをみんな薪にしちゃってボロボロ。そこまで苦労した。赤坂の2度目の住まいは氷川神社に登っていく坂の登り口にあった。ここに住んでいる時に咸臨丸で米国に行っている。米国から帰ってきてから、坂本龍馬が千葉重太郎と連れ立って勝海舟を殺しに来るのだけれど、そのまま弟子になっちゃった。3度目の住まいの頃は、偉くなって敷地がうんと広くなった。それが現在の旧氷川小学校跡地。ここに住んでいる時に勝海舟は大変な仕事をする。

幕末に江戸を燃やさせずに済ませたから、今の日本の繁栄がある。それを成し遂げたのが勝海舟だ。慶応4（1868）年3月15日、新政府軍の江戸城総攻撃が計画されていた。幕府の連中は徹底抗戦を唱えていた。軍艦の比率でいうと、新政府軍の5艘に対し幕府は10艘持っている。中でもオランダに造船させた開陽丸は全長70mという当時では巨艦で、世界初の鋼鉄製の大砲クルップ砲を備えていた。軍艦同士で戦えば、間違いなく幕府が勝つ。官軍が東海道をどんどん攻め上ってくると、駿河湾のところで海岸線を通る。そこで待ち伏せして艦砲射撃をすれば官軍に勝てるという計算だ。だが、その場で勝っても官軍の後ろには英国が付いている。幕府軍にはフランスがいる。戦争が長引くと、日本人同士の戦いが、後ろ盾である外国同士の戦争になり、しまいには日本は外国に乗っ取られてしまう。それをやらせてはいけない。

3月15日の江戸城総攻撃を前に、西郷隆盛率いる東征軍は駿府まで来ていた。勝海舟はそこに山岡鉄舟を派遣する。3月9日、総攻撃のわずか6日前だ。そこで初めて江戸城総攻撃を回避させたいならと西郷は条件を出す。江戸城を明け渡せ、軍艦武器弾薬ぜんぶよこせ、という中でとりわけ飲めない条件は、徳川慶喜の備前への幽閉だった。なんでも備前に幽閉ってことは打首なんだそうだ。とても飲めたもんじゃない。山岡鉄舟は取って返してそれを勝海舟に伝える。それをなんとか食い止めたい勝海舟は、西郷隆盛に膝詰めで話し合いの場を持った。1度目は3月13日、高輪の薩摩藩邸に西郷を訪ねる。翌14日は田町薩摩蔵屋敷。勝は徳川家の降伏条件を西郷に提示し、この会談の結果、ギリギリのタイミングで江戸総攻撃は中止となった。

実はその裏で、山岡鉄舟が戻ってきてすぐに、勝海舟は浅草の新門辰五郎を呼び寄せていた。辰五郎は町火消しの組頭で、娘は慶喜の側室になっている。その親分を呼んで250両渡し、「合図をしたら一斉に江戸に火をかけてくれ」と頼んでいた。いざとなったら江戸を焼く。その話が回り回って、パークスという英国公使の耳に入り、パークスは西郷隆盛に、「お前何やってんだ、江戸を焼いちゃ困るんだ」って言ったそうだ。英国はすでに横浜から生糸を輸出し、貿易で金儲けしていたので、江戸を焼かれちゃうと貿易ができなくなるから絶対に江戸を焼くなと命令したらしい。山岡鉄舟を使って打診した時にすごい返事が返ってきて、とても一筋縄ではいかないから、パークスを利用しようと思ったんじゃないかと僕は思う。田町薩摩蔵屋敷での2度目の交渉の結果、徳川慶喜は水戸藩に帰ることになる。幕府はなくなるけれど、徳川家は残る。勝海舟は、どさくさの中でも徳川を残した。ここがすごいところなのだ。

その後、4月4日には徳川家と新政府軍の間で最終合意がなされ、11日に徳川慶喜は江戸を離れ、江戸城は無血開城となった。こういう史実を知って、僕は感激した。地元の赤坂に住んでいた勝が、江戸を戦火から救ったのだ。実は、江戸を焼かなかったことで、その後の明治政府は焼け跡の無茶苦茶なところから再建する必要がなく、やりやすかった。勝海舟は新政府のためにもなったとも言える。

勝海舟は今の墨田区で生まれた。それで、勝海舟の銅像が区役所前の広場に建立されていて、年に1回パーティーがある。勝海舟の玄孫の高山（こうやま）さんとは、たしかそのパーティーで初めてお目にかかった。わずか23年しか住んでいなかった墨田に、あんな立派な銅像があるのに、50年以上住んだ赤坂には何もない。赤坂時代が圧倒的に長いし、勝が歴史に残ることをしていたのはむしろ赤坂の時代だ。赤坂の宣伝にもなることだし、これはひとつこっちにも銅像を作らなくちゃならないなと思っていたら、「いい人いるわよ」と高山さんが言う。「銅像がひとつ余っているらしい」。「えー、本当ですか。余ってる銅像なら安いでしょうから、ぜひ話をしていただけませんか」とお願いをしたら、山崎和国先生という銅像の作家さんを連れてきて、紹介してくれた。いきなり作家先生にお目通りが叶い、余ってる銅像の話はどこかに行っちゃって、それではと、この先生に制作を頼むことになった。

先生のお歳はその時84。早くしないと、作っていただけなくなっちゃう。港区に打診するとかやってると、時間ばかり食っちゃっていけない。それなら僕が作っちゃおうと話を進めていった。山崎先生は長崎在住で、海舟も龍馬も長崎に長く滞在したし、銅像もたくさん作っている。長崎の龍馬像も山崎先生の作品だ。そういう先生に作ってもらえるなら願ったり叶ったりなので、ぜひお願いしますと言ったら、「赤坂に建てる銅像なんだから、師弟像にしましょう。師弟像は赤坂でこそできる銅像です。他所ではできない。私もこれまで作ったことがないし、私以外の作家が作ったという話もない。師弟像でいきましょう」と熱心に勧めていただいたので、「先生、ぜひそれで作ってください」とお願いしちゃった。もう「いくらで」とかいう暇もなく。

平成28年(2016)年9月に建てられた勝海舟と坂本龍馬の子弟像。

師弟像を、さてどこに建てよう。次は場所の問題だ。もともと氷川小学校には、咸臨太鼓というリズム太鼓があった。子供達が年に何回か披露していた。それが、赤坂小学校と統合し引っ越してしまった。でもそういう伝統は残しておいてあげたいなと思い、太鼓が赤坂小学校に移ったんだから、銅像も赤坂小に建ててあげたいなと、校長を訪ねてみた。子供達にも赤坂に住んだ勝海舟のことをもっと知ってもらいたい。銅像があれば、この人は誰だろうと、興味を持ちそこから話が繋がっていく。そう話したら、ぜひにと快諾を得た。校内をあちこち歩いて、だいたいどこに建てるかを決めた。しばらくしたら、校長が申し訳なさそうに電話をかけてきた。「こんないわれのないところに勝海舟の銅像なんてもってのほかだと怒鳴り込んできた人がいて」と言う。まあ、僕も知っているPTA会長時代の後輩なんだけど、赤坂小は諦めることにした。それで、師弟像の場所はやはり勝の住まいのあった旧氷川小学校跡地にすることにした。ここは、どちら側からも坂を登り詰めた山の上。やっぱり銅像は高台がいい。それに、もともと邸内にあったイチョウの木が高く伸びて、銅像の背景を飾るようにしてある。こうして、勝海舟と坂本龍馬の師弟像は、海の方を見るように、江戸八百八町を見下ろす高台に永遠の居所を見つけた。

ところで、山崎先生は、2年後の平成30（2018）年にお亡くなりになった。だから、急いで作ってもらわねばという僕の予感はあたった。師弟像は山崎先生の遺作になっちゃった。銅像が建ったあと、「なんで師弟なの？」と随分と周りの人の関心も高まった。坂本龍馬と勝海舟との関係を知らない人がたくさんいた。そういう意味でも、師弟像があそこに建ったことは意義がある。赤坂の人達の中でも勝海舟に関心のない人達は多くいた。その人達が興味を示してくれ史実を知ってもらえたこともうれしいし、赤坂の名所にでもなってくれれば本望だ。先日、大勢の小学生がランドセルを背負っていくので聞いたら、放課後、あの師弟像のことを勉強するためなんだそうだ。

11章……これからのこと

◆鈍感力

僕が生きてこられたのは「鈍感力」のおかげだ。あまりに鋭敏だったら挫折していただろう。調布に引っ越してきたばかりの時は、設備も整っていないし、しょっちゅう停まってしまう機械だし、仕込みのタンクを入れようとしたら床が重さに耐えられないからつっかえ棒だし、普通の感覚だったらこんな工場じゃ操業できないと投げ出していたはずだ。しかし、それに僕は耐えた。この気力と前向きな姿勢を僕は株屋時代に培ったんだと思う。

株屋の営業というのは大変な度胸が要る。僕らが証券会社に入ったのは昭和34（1959）年で、すごい急成長の時だった。中に入ってみると、支店同士が競争しているし、個人同士も競争しているしで、あまりのんびりしたことを言っている暇なんかなかった。商品相場の始値と終値をグラフで表すけい線というのがある。昭和40（1965）年にアメリカのチャートというのが入ってくるまでは、日本には商品相場に使った昔のけい線しかなかった。そんな、けい線を机で引いていると怒られた。「ばかやろう、〝けい線引き引き足を出し〟っていって、けい線なんか見ていたって当たりゃしねえんだ、そんなものを引いている暇があれば、1件でも余分にお客様回りして来い」なんて言われた。

そうかと思えば、ある時本社から「仕切り商い」というのが来る。例えば、1株300円の東芝株を10万株。これを売れと支店に割り振られる。これはできませんとか無理ですとか言えない絶対命令なので、支店では営業マンそれぞれに振り分けてお客様に売ることになる。これをはめ込みというんだけれど、営業マンの目の色が変わる。ぼんやりなんかしてられない。「今度の社長は経団連の会長になったでしょう。だからこれから業績が上がるんですよ」というようなことを言いながら、例えばひとりのお客様に5000株を買ってもらう。それで、うちには10万株分の手数料の売り上げが入る。株価が上がるとか下がるとかは関係なく売るわけだから、これはギャンブルでもある。だから度胸が要る。300円だったのが終値が290円になっていて、それを見たお客様からクレームを入れられたらアウト。だから、なるべく言うことを聞く相場好きを相手にやるわけだ。道楽というか、損得関係なく売ったり買ったりをやりたいという人は必ずいる。そういう人を10人ぐらいリストアップしておければまずは安心だ。そういう用意のない営業マンは逆にあわてることになる。だから、普段から汗をかいて営業するようになる。それまで、「行ってきます」と会社を出たはいいがその辺の喫茶店に入って暇つぶししているようなのが、新規開拓も一生懸命やるようになる。1件でも見込み客を開拓しようと思うようになる。そうやって僕も部下達に発破をかけて、神経すり減らして夕方帰ってきたら、身銭を切って毎日慰労会を開く。そんなことを株屋時代の8年間ずっとやってきた。証券マンは、相場が下げようが上げようが営業に回らなくちゃいけない。下げ相場の時にやるのはきつい。だから度胸が養われる。緊張を強いられるから、弛緩する時間も要る。弛緩して、神経を休ませないとノイローゼになる。鈍感力も同時に身に付けておかなければ、株屋はやっていられない。そんな8年間を株屋で過ごしたのだが、相場というのは手に持てないものだ。その手に持てないもののために、自分を鼓舞し部下達を叱咤し続けるのにもちょっと疲れてしまった。僕はなにか手に持てるもので商売がしたくなった。その時、親父さんから帰って来いと声がかかった。そろそろ帰ろうかなと思っていた僕の思いと呼応したかのようなタイミングだった。ホッピーなら、手に持てる。僕はそう思った。

株屋から比べたら、ホッピー屋になってからは楽だった。遊んでいるようだった。もちろん、さまざまな心配事やトラブルやうまくいかないことが次々と起こったけれど、どれも切り抜けていけるものだった。親父さんが始めたホッピーだったけれど、僕が帰ってからすぐに調布に移転して、そこからもう一度ホッピーをゼロから作ったようなもので、そのどれもが楽しかった。ともかく、ホッピーを売れる商品まで押し上げた。なかなか売れない時にも、備えあれば憂いなしじゃないが、雌伏の時でも別に心配しなかった。そういう時こそ力を蓄えるんだと、設備投資をしたり、技術を磨いたりしていた。昭和60（1985）年、ハイサワーが出てホッピーが低迷した時に機械の設備更新と技術改良、開発をした。特に三宅製作所によって仕込み設備を刷新し本物の設備にした。それまでの工場の機械は、僕のような素人が設計した嘘の設備だった。三宅製作所がビールに使う専門の設備をホッピー用に多少アレンジしてくれた。さらに、関根さんという技術者によって光太郎叔父からの技術の継承・改革がなされた。何年かホッピーは低迷することは分かっていた。だからこそ、この間にやっておかなくてはいけないと僕は思っていた。低迷期に、余力のあるうちにと思って工場の改革を進めた。そのおかげでホッピーは一級品になった。心配はなかった。僕は、ホッピーの将来を明るく見ていた。マーケットと工場の現実と、その両方を見ていると分かるのだ。必ずホッピーはまた飲まれるようになると。ハイサワーの出現でホッピーの売り上げは落ちたが、それはサワーに食われたのではなく、製造が間に合わないからと発酵時間を短くしたりして、自ら商品を劣化させて、売上の芽を摘んでいたということだ。だから、品質改良をすれば、ホッピーはまた動き出すという確信があった。

工場存続のためには、ちゃんと工場を稼働させて、それで稼げばいい。それでホッピー製造以外にも色んな加工を請け負って仕事をし、工場を潰さないように汗を流した。そうやっているうちに、いい風も吹く。プリン体ゼロが注目されて売れるようになったり、ビール製造につられて娘も入ってきたり。地ビールを出したら、「うちビールできんの」って聞いてきた。ビールのほうがやさしくて、ホッピーのほうが難しいんだよと話してやった。

美奈のことだが、女性社長というのはなかなか大変だと思う。頭を使ってどんどんやっていくというのはいいけれど、もう一方の手に鈍感力を持っていないと神経がもたなくなってしまう。そこが心配でもある。長丁場を乗り切るには、鈍感力が大事だと思う。僕がそうだったから。僕は、時代もそうだったのだが、鈍感もいいほうで、驚かれちゃうくらいだった。僕が子供の頃、おふくろは僕をおんぶしながらラムネのびんを洗っていた。半自動の洗びん機で、ブラシが回っているところにびんを当てて、ブラシがくるっとひと回りするとおしまい。今は、洗浄用の化成槽に浸けて殺菌消毒しなくちゃダメなんだけれど、当時はそれで良かった。それで、何かトラブルがあった時は、菓子折りを持って謝りに行って、おしまい。時効だから話すが、酔っ払い運転だって随分した。営業で焼き鳥屋を何軒も回って帰るから、25回くらいは検問を受けたが捕まったことは1回もない。人生って要領というのもなきゃ駄目なんだ。検問で風船を膨らませるのも少しずつ。それでアルコールは検知されず。人生は、面白おかしく渡っていかないとね。鈍感力は、そのためにも役に立つ。

ホッピーは、「海のものとも、山のものとも、分からない、ビールのまがいもの」と言われ、同業者からも相手にされなかった。七人の侍の問屋衆も自分で売りながらホッピーの将来など見ていなかった。そういう環境の中で、僕はずっとやってきた。苦渋を舐めたこともたくさんあった。それでもここまでやって来れたのは、鈍感力が歩みを止めさせなかったからだ。一歩ずつ、這ってでも、止めなかった足に、力をくれたからだ。

◆ホッピーのこと、これからのこと

平成31（2019）年2月に船村徹さんの三回忌があった時のこと。作詞家の船村徹さんは大のホッピー愛飲者だった。売れない時代にお金がなくてお酒が飲めない。でもホッピーはポケットの中の少ない小銭でも飲めた。不遇な時代にホッピーがあって救われた。だから、ホッピーはお助け飲料だと私に言ってくれたことがあった。そんなご縁で三回忌に伺った。奥さんとお嬢さん、息子さんのお嫁さんが並んでいた。ご挨拶したらその女性陣が声を揃えて僕に言う、「私達のお友達はみんなホッピーを飲んでるわよ」って。ひと昔前だったら、女性にとってはホッピーってなに？っていう感じだった。それが今や多くの女性にも飲まれている。わざわざそのことを船村徹さんのご家族が僕に教えてくれた。女性にも受け入れられている。それがとてもうれしかった。僕の担当の女医さんとか看護師さんとかもホッピーを飲んでるって言ってくれる。「私の家の冷蔵庫にいっぱい入ってますよ」って。

ホッピーは、どんどん味の精度を高めたから、ビールとはちょっと違った魅力がある。同じ原料を使っているけれど、ビールに比べて苦味が少ない。低糖質で低カロリー。こういう魅力が従来のビールにないところだと思う。これらの特徴は、昔は欠点としてみられていたけれど、今はむしろ女性が飲みやすいと言ってくれる。身の程をわきまえなくて口はばったいのだけれど、あえて言わせてもらえば、ホッピーはもはやひとつのジャンルといっていいのかもしれない。流行とかそういうものではなく、世の中に広く認めていただけたのかなと思っている。味の素とかカルピスとか、長い歴史とともにひとつのジャンルを築いた商品があるが、それと同列にホッピーが並べたとしたら、こんなうれしいことはない。平成28（2016）年にグッドデザインのロングライフデザイン賞をいただいたのは、そういうことで褒めてもらえたのだと思っている。

味の素も、売り出した当初はマムシの粉だと陰口を叩かれた。そうやってケチをつける輩が世の中にはいる。ホッピーもそうだった。ビールの搾り粕で作ってるというのもあったけれど、「ほら、馬がいるだろう?」ってのもあった。馬となんの関係があるのかというと、ホッピーの調布工場が府中競馬場に近いっていうんで、藁から作ってるっていうデタラメな話だ。麦芽と藁を間違えてるし、もうめちゃくちゃ。居酒屋で背中の客がそんなことを言ってるのを聞きながら、何言ってんだよって言いたかったのだけれど、酔っ払い相手に言い合ってもしょうがない。喧嘩になっちゃうから、よしたけど。人の商品、馬鹿にすんじゃねえって啖呵を切るのをぐっと飲み込んだ。

歴史をみると、中小企業が作った商品が売れてくると、大企業が追随し、やがて市場を大手に取られる。その繰り返しといってもいい。中小はいつまで経っても中小のまま企業規模を拡大できずに甘んじなければならない。だから、分野法は我々中小の清涼飲料メーカーにはありがたかった。でも、この趣旨を理解していないのが、中小の中にもいる。分野法に焼酎割り飲料を入れるきっかけになった缶入りラムネを、また中小が作ったりするから悩ましい。組合の理事長になってからも、組合を離れてからも、こうした諍い（いさか）がずっとあった。だいたい組合を作ったのは、業界内の安さ競争をやめてお互いに協調しようというのが発足の意義なのに、いまだに関西のあるメーカーは安売りで関東の中小の商圏に殴り込んでくるのを止めようとしない。僕も理事長時代に何度も出向いて説諭したけど、それだって止めようとしない。すみませんでもない。

今は、組合の顧問という立場だから、あまり外に出ていかないけれど、この前、組合の役員が僕のところにやってきた。あるコーラメーカーがサワーを出すと言ってきてるのだが、どう対処すればいいかという相談だった。僕は大手さんとの交渉をメモした分野法当時の日記を彼らに見せて、こういう事実があったんだと説明をした。大手さんとは製品分野を分け、焼酎割りについては我々中小が作れるように交渉して了解を得ているんだから、これで戦いなさいと言った。彼らは早速それを携えて交渉の場に臨んだ。そしたら、一発で効いちゃったらしい。先方もびっくりして、「そんなことがあったんですか」と即時にサワー計画撤廃を決めてくれたそうだ。「これからは事前にご相談します」とも言ってくれたそうだ。

ホッピーの置かれている立場は、分野法というとても危ういバランスの上にある。焼酎割り飲料という分野を、僕達はアリのように地べたを這ってこつこつと作ってきた。自分達の生きていく場所だ。巨象がそこに踏み込んでこようとした時、僕達は生活の糧を守るために頭を下げ、必死に抗い、どうにかその脚を止めさせた。決して、颯爽としてもいないし、かっこ良くもない。粘り強く、握りこぶしで耐えながら、ずっと続いてきた生業が脅かされることに甘んじなかった。同業の仲間を守り、社員を守り、家族を守るために、それしかできなかった。だが、それでホッピーや焼酎割り飲料を守ることができたことは、僕の少しばかりの誇りでもある。

11章 これからのこと

寄稿

石渡光一氏との思い出

江戸っ子気質の石渡さんとの思い出

三宅製作所代表取締役社長　**三宅秀和**

私が石渡光一さんと初めて会った時、氏は「コクカ飲料」（現・ホッピービバレッジ）の社長でした。当時氏はセンチュリーを運転されていました。色はたしかゴールドのような派手な色で、センチュリーといえば黒のショーファードリブン（運転手付きの車）というイメージでしたから、随分と変った趣味の方だなと思ったものでした。

当時すでに大分古くなっていたので、「社長、乗り換えないのですか？」と申しましたら、「三宅専務、これはぼくの親父との思い出がある車だから」と。

あとで伺った話ですが、初代の石渡氏が叙勲式に参内されるのに、光一氏が「親父！派手な車で行こうぜ！」と言って買われた車だったそうで、成程、江戸っ子の洒落っ気、祭り好きというのを表していたのだなと思いました。

氏の江戸っ子気質はそれから色々のお付き合いで教えてもらいました。

氏とのお付き合いは本当に新鮮で楽しくてしかたありませんでした。ホッピーを製造する上で大切な酵母を、コクカさんではとても大事にされていました。その流れの中で、新しい酵母というものを常に探してもおられたのです。ある時そんな話を私にされたので、「ドイツのミュンヘン工科大学に酵母銀行というのがあり、そこで分けてもらえるそうですよ」というお話をしましたら、是非交渉してよ！と言われるので、申し込みのお手伝いをしました。思い出すと、お互いに噴飯もののやり取りがあったのですが、これは私と石渡氏の恥が重なり合うので、あの世で再会した時に笑いとばしたいと思います。

ひとつだけ。会話調でお届けします。

購入依頼書を送り、無事試験管に入った酵母が届いた日、氏はそれを開栓してしまいました。全てはおじゃん。

「あーー！社長！だめですよ！雑菌が混入してしまう！」

「え？、、マズイの？」「……」

「じゃあ、、これ無かった事にして…。ね？専務…。もう1度注文して！」「……」

当時は今のようにパソコンなど無い時代。ドキュメントはいちいちタイプライターで作成していました。コクカさんには独文どころか英文タイプもなく、私は社に戻り再度タイプし、それを再びコクカさんに持参し社長のサインをもらう。こちらは専門家ではないので、そう簡単にできるものでもなく、タイプミスをすると最初から打ち直しと、結構「めんどくさい」作業でした。その不機嫌さを隠す程、人間ができていない若造に、氏は、

「それ終わったら、銀座に行こう⁉」

すぐ機嫌を直すのも恥ずかしいという気持ちがありながらも直すと、機嫌が良くなっているのを目ざとく見つけた氏は

「がははは、、、」

その夜は終電も乗り過ごし、朝まで2人で梯子酒。

地域発展の想いを受け継いで

さわやか信用金庫理事長　**篠　啓友**

ある年の「赤坂食べないと飲まナイト」でのこと。「いやーご苦労さま、お陰さまでこの企画も毎年賑やかになっています」と気さくに職員達をもてなして下さり、ホッピーを売り出した頃のお話などを、楽しく語っていただいたことがつい昨日のことのように思い出されます。

私が初めて石渡様にお会いしたのは、石渡様がホッピービバレッジ株式会社を現在の石渡美奈社長に譲られたあとで、会社も新たな発展軌道に入っていた時期でした。本業は後継者に任せ、ご自身は地域振興への傾注を強めながらも会長として暖かく見守っておられる様子が、様々な場面で感じられました。

当金庫が主催する物産展で、石渡会長自らデモンストレーションを行っていただいたこともありました。説明が大変お上手で、キンキンに冷えたホッピーと焼酎が、冷やされたグラスに注がれている様子を、身振り手振りを交えて話され、聞いている誰もがその場で飲みたくなるようなデモンストレーションでした。この熱演はオンラインで配信させていただきました。

石渡様は地域の方々の信望も厚く、昭和61（1986）年からは当金庫の総代としてお客様を代表する立場で当金庫を支えて下さいました。「地域と共に発展すること」を使命とする当金庫にとりまして貴重な赤坂のアドバイザーでした。祭礼や行事に際しても何かとお引き立ていただき代々の支店長が大いに助けられ、また新入職員も地元の暖かい雰囲気に感激したと聞いています。

赤坂の街を愛するエピソードは枚挙に暇がありません。氷川神社の祭礼で石渡様が松平健さんの乗る白馬を引いているお写真は、当金庫の総代会の中でも紹介させていただきました。

また、石渡様は赤坂に50年以上住んでいた勝海舟と坂本龍馬の師弟銅像建立にもご尽力されました。「皆さんに、赤坂の史跡を回遊しながら楽しんでもらいたい」と熱意を込めて語っておられました。

当金庫も赤坂支店のウインドウに周辺を描いた浮世絵や史跡などをディスプレイし、一緒に赤坂を盛り上げたいと申し上げたところ大変喜んでいただきました。

赤坂支店は2021年に移転し、新たな発展を目指すことにしました。ご存命であれば何かとアドバイスをいただけたものと寂しい気持ちでいっぱいです。赤坂の風情や歴史を残したいという石渡様のお気持ちは地元の皆様に共通するものではないかと思います。当金庫は石渡様の思いと共に地域の発展に努めていく所存です。

生前の当金庫に対しますお力添えに心から感謝申し上げ、謹んでご冥福をお祈り申し上げます。

赤坂の船頭石渡会長へ

立教大学名誉教授　**渡辺憲司**

石渡会長から赤坂氷川神社の宮神輿がもうできる頃なので、一緒に見に行きませんかと、祭礼用具の浅草の宮本卯之助商店に誘われたのは、赤坂氷川神社が久しぶりに大きな祭礼を行った平成28（2016）年である。宮本商店の若主人が、立教新座高校の出身者であり、共通の話題もあって盛り上がったあと、浅草ホッピー通りのある店に繰り出した。

店に入ると、いきなり「ホッピー屋でございます」と店の主人に声をかけた。店の主人は初め戸惑い、やや狼狽の体であった。会長は実ににこにこと「酒屋の親父が出前に伺ったんですよ」と話しながら対応する。小気味のいい会話はトントンと進んだ。

洒脱であった。赤坂が育てた勝海舟をこよなく愛し、その時も川向こうの本所の話や坂本龍馬との出会いやらと話題は飛んだ。

深川関連の洒落本を読んでいたら、チョキ船の船頭の話が出てきた。深川通いの船頭は、「江戸っ子でなければならない。もしくは上総房州の出身でなければならい」（『船頭深話』）というのだ。深川の船頭は、単なる客の運搬人ではない。客と女性達との相談役であり、時には仲裁役も果たした。船が河岸から店に着くと、女性達が真っ先に手を取って迎えるのは、客ではなく船頭であったなどとも記されている。野暮な浅黄（あさぎ）の田舎侍には、小気味良い啖呵も切ったようだ。江戸っ子は、肝の振る舞いによって決まるとも、また「江戸っ子だから理にはづれた事は出来やせん」などとも記してある。

思えば、石渡家のルーツは、房総の九十九里にあるそうだ。粋な振る舞いといい、筋を通した立ち振る舞いといい、会長はまさに肝の据わった〈江戸っ子〉船頭気質の人であった。

赤坂は大名屋敷に囲まれていたが、一方で古くから商売人も活躍し町人が元気な街でもある。江戸の中でももっとも自治意識の強い街であった。それが氷川の祭りにも繋がっている。会長はその先頭に立ったのである。

月刊誌「東京人」に、7年間にも及ぶ期間、赤坂の歴史散歩を連載させていただいたのも、会長との御縁によるものである。赤坂に地縁のない自分であったが、実に多くのことを赤坂の歴史を通して学んだ。その連載の中で、実に多くの赤坂関連の人物に触れたが、その背後にいつも見え隠れして浮かんだのは会長の存在だった。誰よりも強く赤坂を愛した会長の気持ちを、連載の中で反映することができたかどうかは心もとない。しかし、私が赤坂という地を大好きになったことは確かである。

「赤坂石渡丸」の舳先で音頭をとる法被姿の船頭は、波頭を越えて今も櫓をこいでいる。「船が出るぞ・・」会長の大きな声が聞こえる。

お父さん、ありがとう

赤坂芸者　**赤坂育子**

私はいつも「お父さん」と呼んでいたんです。ほんとうは「会長」って言わなきゃいけない、お名前も言わなきゃいけないんだけど、ずっと「お父さん」で通しちゃったの。

街をまとめる立場にいらっしゃるから、目立つ存在であることは間違いありませんが、お父さんは絶対に出しゃばらなかった。だから、皆には輝かしく見えたんでしょうね。お話していても、けっして他の人を悪く言わないし、いつもやわらかい口調で話す。すてきでね。惚れちゃおうかなと思ったもの（笑）。それくらい、人を惹きつけるところがおありでした。

いまでも忘れられない光景があるんです。お祭りの時、ＴＢＳの前に山車が並ぶでしょう。そこに芸者衆がいて、お父さんや他の方々も大勢いらして。お父さん、前のほうに出るべきなのに「いやいや、おれはいいんだよ」って控えられるんです。みんなが喜んでいる顔をみられれば、それでいい。私達が鬘（かつら）をつけて並んでいるのを「きれいだね」って、それも言葉じゃなくて、あのやさしい表情、まなざしで伝えてくださった。その姿をみて、すばらしい人だなあと改めて思いました。

お父さんは、人を喜ばせることが自分のしあわせだったんじゃないでしょうか。教えていただいたことはたくさんありますが、とにかく「人を愛していきなさい」ということ。そして「自分を大事に」ということ。私はそれを受けとってきた気がします。口で言うのは簡単ですよ。実際にやるのがどれだけ大変か。それをできたのが、お父さんですよね。

お別れしなければならなくなって「なんで逝っちゃったのよ」って悔しいけれど、もしも叶うなら、何度でも「ありがとう」と言いたい。他の方も同じだと思います。どなたも感謝しかないでしょうね。街を愛する気持ちが強い人でした。いま、あれだけ街を思っている人がどれだけいるかしら。すべては街を作るため。自分のためじゃない。赤坂という街に惚れていたんですよね。赤坂に惚れて、街の人達がこれから先も、より良く暮らしていけるように……そう思いつづけた人。

だから、向こうに行ってしまって、悔やんでいると思いますよ。こんな時代になってしまってね。もう1回戻ってきて、何かやりたいんじゃないかしら。こないだも電話がかかってきましたから（笑）。「がんばれ！」って。「分かった！」って返しましたけど（笑）。

ああ、やっぱり寂しいですね。「ありがとう」だなんて、言葉じゃ幾度伝えたって足りないのだけれど、それでも――お父さん、ありがとう。

太陽のような人でした

俳優　**松平 健**

石渡会長は太陽のような人でした。周りの皆を明るくして、和やかな雰囲気を作ってくれていました。穏やかというよりも、笑い声も豪快で、勢いが良かった。お会いした時に、昔は仕事でよく飲んだとホッピーのお話をしてくださいました。大変な時期にも諦めなかったから、こうしてホッピーが広まったのだろうと、お話を伺いながらその情熱に触れた思いがしました。ホッピーのために身を投じて、力を尽くしておられたのだろうと容易に想像できました。娘の美奈さんに仕事を譲ってからは、ホッピーに注いだ力を、次は赤坂の街のために投じておられました。

私が8代将軍吉宗として赤坂氷川祭に参加させていただくことになった経緯については、これもまた、石渡会長の諦めないという姿勢が実ったと、のちに伺いました。山車の巡行の時に吉宗公を招くというアイディアを、そんなの無理だと、最初は誰も本気で取り合ってくれなかった。それでも石渡会長はその案を懐に抱いたまま、可能性を探っておられた。ふとしたきっかけがあって私と石渡会長が繋がり、そして、8代将軍徳川吉宗の就位300年にあたる平成

28（2016）年の赤坂氷川祭に、徳川吉宗公（私）が巡行に参加するわけです。まさに石渡会長の情熱によって、周囲が熱せられ、不可能を可能にした。私も、東京のど真ん中で、白馬に跨って街を練り歩けるとは夢にも思わなかったので、これは大変うれしい経験をさせていただきました。沿道では、赤坂の街の多くの皆様からご声援をいただきました。赤坂の街が盛り上がっていくことに微力ながら貢献できたかもしれないと、そのこともうれしく思っています。

巡行が東京ミッドタウンに到着した時でした。行列の流れに逆らうようにして、周囲が「危ないですよ」というのも耳に入らないのか、小走りでこちらにやってくる石渡会長の姿を見た時は、驚きました。巡行中に、ずっと私のことを気に留めていただいたらしく、2ショットに収まる笑顔は、会心のものでした。

あの時以来、赤坂の人達にとって氷川祭がより身近になったと伺いました。私にとってもいい思い出になりました。これも石渡会長のおかげです。また、この時、和歌山市長もおいでになっておられて、「地元ではこんなことができないのに、東京の赤坂でできるのは素晴らしい」と感激されていました。それがご縁となって、2022年は和歌山市でも創始400年を迎える和歌祭に吉宗公役で出演させていただくことになりました。まさに、石渡会長に繋いでいただいたご縁でした。

石渡会長の大きな夢

赤坂氷川神社禰宜　**恵川義孝**

「みなさーん」いつも決まって優しく語りかけるその姿は、今でも鮮明に目に浮かびます。

私と会長が初めて出逢ったのは平成25（2013）年の12月。以前私は一般企業に就職していましたが、禰宜だった兄の急逝に伴い神職となりました。当時の会長は、神社の筆頭責任役員ならびにNPO赤坂氷川山車保存会理事長。右も左も分からない私にさまざまなことを教えてくださる会長は、私にとって上司であり、支援者であり、相談者であり、父親のような存在でもありました。

「赤坂で仕事をさせていただき、地域や皆さんのおかげで今の自分がいる。仕事は娘の美奈に任せ、これからは地域のために恩返しがしたい。赤坂が良くなること、赤坂を盛り上げることが自分の〝夢〟なんだ」。会長との距離が近づくにつれ、いろいろな「夢」を語っていただきました。赤坂氷川祭、勝海舟・坂本龍馬師弟像の建立をはじめ神社や地域での企画、徳川吉宗公将軍就位300年を目前にした和歌山出張……私自身、会長との想い出は尽きません。

神社の拝殿には、宮神輿を13本の江戸型山車が警護しながら巡行する江戸時代最盛期の祭礼が描かれた大絵馬があります。大絵馬を見ながら、NPO法人赤坂氷川山車保存会初代理事長の磯野正洲氏や兄と共に、「山車を修復して大絵馬のような祭礼を復活させたいねぇ」と会長。当時の状況からすれば、それは途轍もなく大きな夢でした。

しかし会長は、その実現に向けて莫大な私財を投じるだけでなく、自ら関係者への説得にも当たり、磯野氏と兄の逝去後も保存会を牽引くださいました。そして現在では、山車の修復や巡行はもとより、国際医療福祉大学赤坂キャンパスや神社境内での常設展示、更には赤坂2丁目でも展示の計画がされるまでに発展しています。会長の力がなければ、貴重な山車は再び倉庫に仕舞われていたかもしれません。

山車復活の道筋は立ちましたが、「江戸祭礼絵巻の復活」のためには戦時中に焼失した宮神輿の新調が欠かせません。ここでも会長は陣頭に立って多くの人を巻き込み新調への道を切り拓いてくださり、平成28（2016）年、愈々宮神輿の完成を迎えました。この時の、輝かしい宮神輿を見つめる会長のキラキラした目はとても印象的でした。それは、子供のように一点の曇りもない純粋な目でした。そして完成した宮神輿を自分が愉しむだけでなく、人が喜ぶ姿を見ることを何より喜ばれていました。私は時折見せるこの目が大好きでした。

「いつか宮神輿と山車9本の連合巡行が見たいね～」口癖だったその夢は、会長の存命中には叶わぬものとなりましたが、それは私達に託された夢であると確信しています。「私がレールを敷いたから、ちゃんと電車は走らせてよ」――にっこり笑う会長が目に浮かびます。その実現を空からご覧いただくことが、会長への恩返しのひとつだと思っています。人を愛し、赤坂を愛し、これだけ地域に貢献した人はいないでしょう。会長には「感謝」の言葉しかありません。

石渡光一の歩み

◆1936（昭和11）年　0歳

2月8日赤坂にて父・秀と母・いせの間に次男として生まれる

◆1959（昭和34）年　23歳

慶應義塾大学法学部卒業後、日東証券入社

◆1965（昭和40）年　29歳

4月10日悦子と結婚

◆1967（昭和42）年　31歳

日東証券を退職、コクカ飲料（現・ホッピービバレッジ）に入社

◆1970（昭和45）年　34歳

事業拡大のため調布市多摩川に製造工場を新設移転、製造設備装置の近代化を図る

◆1974（昭和49）年　38歳

杉並区堀ノ内にあった倉庫を改造し、もつ焼き屋「三三九」開業

◆1979（昭和54）年　43歳

2代目社長に就任

中小企業経営

この人と5分間

コクカ飲料社長

石渡　光一氏

増産も追いつかず

今は受注ストップ

1982年11月20日　日経産業新聞

花の東京に地ビール登場

本物を作るのは父の代からの夢

赤坂の業者、瓶・樽の2タイプ

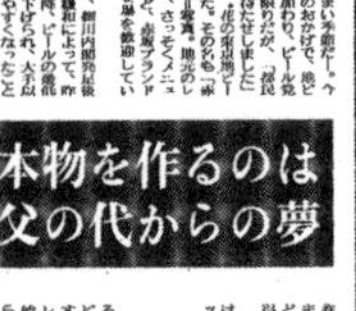

1995年8月16日　産経新聞

◆1981（昭和56）年　45歳
コクカ販売株式会社設立
全国清涼飲料協同組合連合会（現在は「日本コアップ株式会社」として独立）取締役に就任

◆1982（昭和57）年　46歳
株式会社ホッピー設立
サワー飲料「レモンハイ」「ウーロンハイ」の製造販売開始

◆1983（昭和58）年　47歳
「うめ」「シソ」「アセロラ」「青りんご」の4種のサワーの製造販売開始

◆1985（昭和60）年　49歳
酵母の純粋培養装置の設置、ドイツワイヘンシュテファン酵母銀行より酵母購入
三宅製作所製インフュージョン麦汁仕込装置の設置
ウーロン茶（鐵観音）の製造販売開始

◆1986（昭和61）年　50歳
ホッピーワンウェイの製造販売開始

◆1987（昭和62）年　51歳
樽ホッピーの製造販売開始

◆1992（平成4）年　56歳
「黒ホッピー」製造販売開始

TOKYOホームページ
ホッピー
食在東京
低カロリー　庶民の味

1998年（平成10年）3月20日（金曜日）
ちょっと一言
本来の金融業務に徹せよ
—深いコクと香り、愛飲を—
石渡光一氏（六二）

2007年7月4日　読売新聞

1998年3月20日　ニッキン

◆1993（平成5）年　57歳

ホッピー「シャンディガフ」の製造販売開始

◆1994（平成6）年　58歳

10月東京国税局武蔵府中税務署より「リキュール製造免許」を取得

◆1995（平成7）年　59歳

3月東京国税局武蔵府中税務署より「ビール製造免許」を取得

7月7日ホッピービバレッジ株式会社と改組

8月「赤坂ビール」「深大寺ビール」の製造販売開始

◆1997（平成9）年　61歳

娘の美奈入社

「赤坂ビール ルビンロート」の製造販売開始

◆2000（平成12）年　64歳

ペットボトルサワーの製造販売開始

◆2002（平成14）年　66歳

55復刻版ホッピー記念限定販売

◆2003（平成15）年　67歳

ホッピー発売開始55周年を記念し「55ホッピー」を製造販売開始

◆2005（平成17）年　69歳

第35回食品技術功労賞マーケティング部門受賞

炭酸飲料ガラナ

コーラ迎撃 中小の意地

統一商品開発 人気はじけた

東京の記憶

2009年9月14日　読売新聞

赤坂氷川神社 責任役員に就任

◆2006（平成18）年　70歳

NPO法人 赤坂氷川山車保存会を設立、副理事長に就任

全国清涼飲料協同組合連合会および全国清涼飲料工業組合連合会理事長に就任

全国清涼飲料工業会副会長に就任

◆2008（平成20）年　72歳

NPO法人 赤坂氷川山車保存会 理事長に就任

◆2010（平成22）年　74歳

3月6日秀水舎設立から創業100周年を迎え「感謝の集い」を開催（帝国ホテル 富士の間）

代表取締役会長に就任

全国清涼飲料協同組合連合会理事長として旭日小綬章受章

◆2011（平成23）年　75歳

リターナブルびん専用ラインを備えた「第3世代感動工場」本格稼働

「ホッピー330」「ホッピーブラック」「55ホッピー」および地ビール全7種の東日本大震災復興ラベル開始

妻の悦子とともに、秋の園遊会に出席

石渡光一会長の叙勲祝う

2011年11月7日　日本食糧新聞

東京の信州

県産ホップが支えた戦後の味

2012年4月15日　信濃毎日新聞

◆2012(平成24)年　76歳
旭日小綬章受章祝賀会を開催(帝国ホテル　富士の間)

◆2013(平成25)年　77歳
勝海舟・坂本龍馬の師弟像を建てる会事務局を発足、会長に就任
第52回モンドセレクション(ビール、水ならびにソフトドリンク部門)において、「55ホッピー」が銀賞を受賞

◆2015(平成27)年　79歳
石渡五郎吉商店設立から創業110周年

◆2016(平成28)年　80歳
徳川吉宗公将軍就任300年にあわせて赤坂氷川神社の「宮神輿」を新調、100年ぶりに宮神輿と江戸型山車の連合巡行を成功させる
「勝海舟・坂本龍馬師弟像」を建立
ホッピーが食品ヒット大賞「ロングセラー特別賞」(日本食料新聞社主催)、グッドデザイン・ロングライフデザイン賞を受賞
10月調布工場にドイツKHS社製の機械を導入・新ライン「NE048」稼働開始

◆2017(平成29)年　81歳
第55回モンドセレクション(ビール、水ならびにソ

海舟117年ぶり赤坂に凱旋
幕末の英雄師弟が銅像に
玄孫ら喜び　10日除幕式

2016年9月7日 東京新聞夕刊

龍馬と勝海舟の絆知って
ゆかりの東京・赤坂に像
地元有志ら寄付募り完成

2016年9月11日　高知新聞

フトドリンク部門）において、「赤坂ビール」全3種（ピルゼン、ミュンヘン、ルビンロート）が金賞をトリプル受賞

◆2018（平成30）年　82歳

7月14日「ホッピー発売70周年記念感謝の集い」を開催（帝国ホテル 富士の間）

◆2019（令和元）年　83歳

8月16日午前零時35分永眠

空襲で焼失 氏子ら協賛

赤坂の誇りに「宮神輿」復活

きょうあす 氷川祭でお披露目

2016年9月17日　読売新聞

ホッピー誕生70年 メーカー会長 **石渡（いしわたり）　光一（こういち）さん**（82）

この人

東京の居酒屋ではすっかり定番のビールテイスト飲料「ホッピー」が今年で誕生70年を迎える。そのメーカー「ホッピービバレッジ」（東京都港区赤坂）の会長として「お金がない時にホッピーで酔っぱらう。そんなお助け飲料の役割を果たせたのでは」と振り返る。

ホッピーは、1981年に86歳で亡くなった父秀さんが開発した赤坂生まれの飲料。48年に販売を始め、新橋などの闇市で高値のビールに代わるノンアルコールビールとして人気を呼んだ。捨ててあった進駐軍のビールの空き瓶を利用。次第に焼酎で割って飲む習慣が定着した。

ガラス瓶で販売し、空き瓶を回収して再利用することもあり、消費地の大半は東京周辺だが、使い切り瓶での通信販売も行う。アルコール度数0.8％の清涼飲料水で、ビールに比べ苦味が薄いという特徴を「欠点だと思っていた」が、プリン体がゼロ、低カロリー・低糖質の健康志向と評判に。「苦味の薄さで逆に女性に受けた」と喜ぶ。

赤坂生まれの赤坂育ち。経営は現社長で一人娘の美奈さんに任せ、赤坂の町おこしに熱心だ。　（加藤行平）

2018.5.15

一行は北京空港で、中国「試験場」で飼育中。

2018年5月15日 東京新聞

「ホッピー発売70周年記念感謝の集い」

「お客様のハッピー」実現が私たちの使命

HOPPY

3代め創業理念「BE HAPPY WITH HOPPY」

「ホッピー2.0」の扉を開く

誰でも知っている「ホッピー」は今年7月に発売70周年を迎えた。ホッピービバレッジは7月14日、帝国ホテルで「ホッピー発売70周年記念感謝の集い」を開催し、約230名が参集した。70年を振り返るとともに、色とりどりの企画でホッピーの新しい未来「ホッピー2.0」を壇上に描き出した。

まず最初にビデオメッセージで登場したのはご存じ、暴れん坊将軍の松平健さん。「光一会長と親交が厚く、昨年、8代将軍吉宗公の将軍就位300年を祝った赤坂氷川祭では、暴れん坊将軍に扮して、白馬にのって赤坂の街を駆け抜け、大歓喜ばれた。70周年といえば、私が生まれる前からある。独自の製法で造ってこられたことが本当に素晴らしい。これからもいろんな商品を生み出して繁栄してください。ホッピーは私も愛飲しているが、光一さんもいつまでもお元気で頑張ってください」とあいさつ。

続いて立教大学名誉教授・学校法人自由学園最高学部学部長の渡辺憲司氏が乾杯の挨拶に立った。

戦後を支えた闇市とホッピーのパワー

立教大学名誉教授 学校法人自由学園最高学部学部長 渡辺 憲司氏

ホッピー誕生の秘話 〜ラムネ屋からの転換〜

石渡 光一代表取締役会長

どれだけお客様の幸せに役立てるか

石渡 美奈代表取締役社長

氷の芸術

Okamoto Studio Works for ホッピー70周年記念

第3世代ホッピー

「Cascade(キャスケード)ホッピー」

帝国ホテルが記念カクテル

「リアルパートナー」

ホッピー70周年記念ソング

「Be HAPPY with HOPPY」

ニッポン放送

「看板娘ホッピーミーナのHOPPY HAPPY BAR」

ホッピービバレッジ社歌 世界初演「輝けるホッピー」

殺陣演武「雪月花」— 高瀬道場

2018年8月20日 食品産業新聞

石渡（ホッピービバレッジ）会長逝去
中小飲料の発展にも尽力
10月18日「お別れの会」

石渡光一ホッピービバレッジ代表取締役会長はかねてより病気療養中のところ、8月16日午前0時35分死去、84歳。葬儀は近親者によって執り行われ、お別れの会を10月18日15時から東京都千代田区内幸町1―1―1の帝国ホテル東京本館3階「富士の間」で開かれる。

石渡氏は1936年（昭和11年）東京都に生まれ、証券会社勤務後、67年に父が営むコクカ飲料（現ホッピービバレッジ）に入社。79年に2代目社長に就任し、焼酎割飲料のホッピーの拡販に全力を注いだ。ホッピーの歴史や大手飲料メーカーに対抗した苦労話などを聞くと笑顔で答え、屈託のない人柄だった。

商売のかたわら、ラムネやシャンメリーなど中小企業分野調整法で守られてきた飲料の発展にも尽力した。中小企業の組織、会員の振興にも多大な功績を残し、全国清涼飲料協同組合連合会理事長や全国清涼飲料連合会副会長などさまざまな役職を歴任。業界会合の中締めには決まっていつも石渡さんに指名がかかり、毎回違った中締めを披露するなど業界からも慕われた。

2010年（平成22年）に一人娘の石渡美奈さんに社長業を任せたが、社内改革やホッピーの斬新な広告戦略でイメージアップに取り組む社長を見て、「私は口を出さない」ときっぱり。その後は代表取締役会長として社長を支えた。会長就任以来、業界の会合には2人揃って顔をみせたが、美奈さん（ミーナ）は自慢の娘だっただろう。2011年には食料品加工業振興の功績による旭日小綬章を受章した。

2019年9月2日　食品新聞

石渡光一会長「ありがとうの会」
ホッピービバレッジ

ホッピービバレッジは8月18日に84歳で逝去した石渡光一会長の「ありがとうの会」を10月18日、帝国ホテル本館3階の富士の間で執り行った。

石渡会長は1936年、東京・赤坂生まれ。59年、慶應義塾大学法学部卒業後、コクカ（ホッピービバレッジの前身）に入社するつもりであったが、創業者で父親である石渡秀氏の「どっか行ってこい」の一言で証券会社に入社。そこで全国一の成績を上げるが、父親に呼び戻され67年にコクカに入社。

「相場という掴みどころのないものを扱うのにちょっとくたびれていた。実際に手で掴めるもので商いをしたくなってもいた」とその時の心境を語ったという。

70年、事業拡大のため調布市多摩川に製造工場を新設移転し製造設備装置の近代化を図る。これを皮切りに、リターナブルびんの導入、箱の一新、もつ焼き屋「三三九」の開店、発酵タンクの改善などに取り組み、70年代後半から80年代にかけてホッピーブームを開花させた。もつ焼き屋「三三九」は「ホッピー」のプロモーション拠点として自らも店先に立ったという。

79年、2代目社長に就任すると「ホッピー」は社員に任せ、ラムネやシャンメリーなど中小企業分野調整法で守られてきた飲料の発展に尽力。「コアップ・ガラナ」の普及にも貢献した。

81年には全国清涼飲料協同組合連合会理事長に就任。以降、全国清涼飲料連合会副会長などさまざまな役職を歴任した。業界会合の中締めには決まって指名がかかり、「[illegible]さーん」のかけ声で始まり毎回違った中締めを披露して業界からも慕われた。

2011年には食料品加工業振興の功績により旭日小綬章を受章。

地元・赤坂にも貢献した。99年には赤坂氷川神社総代に就き、赤坂氷川山車保存会や勝海舟・坂本龍馬の師弟像を建てる会事務局を設立した。

16年には徳川吉宗公将軍就任300年に合わせ宮神輿と江戸型山車が連合巡行するという江戸の祭礼を正確に再現すべく、戦時中に消失した宮神輿を70年ぶりに新調した。また申年にあわせて氷川山車「猿」を修復し赤坂氷川祭もバックアップした。同年、勝海舟・坂本龍馬の師弟像も建立された。

「ありがとうの会」の会場には石渡会長が愛した山車人形を展示。石渡会長は「ありがとう、ありがとう、ありがとう」の言葉を残して逝去したという。

2019年10月25日　食品新聞

心優しい、そのままで

石渡悦子

もう5年も経つのに、家の中はそのままなんです。リビングのテーブルの3分の1は、読書や書きものをしたりする主人のスペースで、それがそのままになっています。ダイニングテーブルも、主人が座っていた場所はさっきまで座っていたかのようにそのまま。株が好きで勉強していたので、その書きものも手帳も触らずにそーっと、そのままです。中は見ないです。見たくない。思い出してしまうから。

いつも行っていた外苑のゴルフ練習場から、置いてあったゴルフバッグを引き取ってきたのですが、玄関に置いて、そのまま。屋上の物置にしまおうねと娘とも話していたのですが、しまわずに。なんででしょうね。

私にとって、主人はずっと変わらない人でした。出会いは、お見合いでした。私はまだ21歳で何も分からない頃です。あの方、口が達者で調子いいですから、

私の友人達などは結婚しても絶対里に帰ってくると言っていました。でも、私には第一印象はすごく良かったですね、明るいし、親切だし。あまりベタベタとできる人ではないですけれども、心優しい、そんな感じでした。その時から、印象は変わりません。ずっと、一度も、変わりません。優しかったですね、家族みんなに。結婚して都立大に住みましたが、そこを選んだのも、私の実家のある横浜と赤坂の中間だからです。どちらにもすぐに行けるようにと選んだ場所でした。

ここでは不思議な出会いもありました。お隣に越してきたご夫婦と仲良しになり、お互いに行き来するようになったのですが、ある日ご主人のアルバムを拝見していたら、うちの主人が写っていたのです。びっくりしました。そのお宅のご主人とうちの主人が赤坂で幼馴染だったのです。満鉄の副総裁の息子さんで、主人が幼い頃には、赤坂の大きなお屋敷に遊びに行っていたそうです。そんな方とお隣同士になるというのも、不思議なご縁ですね。

証券会社時代、すごく真面目に働いていましたね。帰りも遅かったかな、忘れちゃいましたけど。最後は営業成績が良くて表彰されたとかで名古屋に行ってました。私、随分後になってから、あの頃の3年が一番働いていたねと主人に言っちゃったことがあるんですけど、それくらい本当にめちゃくちゃ働いていましたね。娘の美奈が生まれた時は、もう証券会社ではなく、コクカ飲料ですけれど、家にはいなかったですね。だから、あの子は母子家庭だと思っていた。なにしろ父が不在でしたから。

2015年79歳の誕生日

コクカ飲料に入ってからは、仕事はすごくやりにくかったと思います。でも自分でことを荒立ててはいけないと、すごく我慢していたと思います。私にも事情は見えますし、感覚で分かっていました。私自身は、別に苦労とは思ってないですけれど、一番大変だったのは主人を社長にする時です。義父が社長の座を主人に譲ると言い出した時に、はじめは義母も大変喜んで大賛成だったのですが、事情が変わって、突然猛烈な反対派に回ってしまったのです。義母はすごく意思が強い人でしたから、説得するには骨が折れました。家でずっと一緒にいるのは私

2016年経営計画発表会

2014年軽井沢音楽祭

2014年78歳の誕生日

1970年頃の家族写真。
右から創業者の石渡秀、娘の美奈、
光一、妻の悦子、母のいせ

でしたから、毎日毎日、上手にご機嫌をとって、少しずつ義母の心のしこりをほぐすことに腐心しました。その時ですよ、円形脱毛症になったのは。いわゆる十円ハゲです。

それからは、私が家族の中のハブでいようと振るまいました。それは、主人も知っていたと思います。「家族があって、仕事がある」という口癖は、このことも念頭にあっての言葉かもしれません。義父にはとても可愛がってもらいました。ある時、買い物したいから一緒に行ってくれと言われ、銀座の和光に行ったんです。義父は、ご自分の時計を買ったのですが、次に、私のも買ってくれたんです。私が「お義母さんのは」と訊ねると、「あー、それはいい」と言うんです。言葉の少ない義父なりの、私への慰労だったのでしょう。

いちばんの思い出ですか？ 今までのことすべてですね。でも、やはり、私の母の面倒を最期までずっとみてくれたことですかね。母は亡くなる1週間前に、主人に「ありがとう」とお礼を言って去っていきました。最期の10ヶ月ほどは入院していたのですが、私が行かないと、行ってやったほうがいいよと促すのです。私は老いていく母を見たくないという気持ちもあり、気乗りがせず、3日に一遍とかにしていると、毎日行ったほうがいいと、言ってくれた。私も、母同様に主人に感謝しています。やさしいパパでした。私達、昔は夫婦喧嘩をして娘を怖がらせていたみたいですが、最後の20年くらいは、仲良しこよしでしたよ。（談）

2019年「ありがとうの会」

おわりに

生涯ファザコン宣言！

ホッピービバレッジ代表取締役社長　石渡美奈

2022年の出版予定から、すっかり日にちが経ってしまいました。「出す出す詐欺」です。寄稿してくださった皆様には、大変申し訳ないことを致しました。出版を楽しみにしてくださっている方々にも大変申し訳ありません。そして、亡くなる間際に出版を約束し自著を楽しみにしていた父にもごめんなさい。父を見送りどれだけ時間が経っても、原稿を通じて父と向き合うとたちどころに寂しさがどっと押し寄せてくるので、腰がググーっと引けておりました。

でも、一向に進めようとしない私の様子を見に来てくださった都市出版の高橋社長から「いいじゃないですか。一生、パパっ子、一生、ファザコンで。その方向性で書けばいいですよ」とのお言葉をいただいた瞬間、スッと心の縄が解けたような気がしました。

「そっか、一生、ファザコンでいていいんだ！」私にとって、大きな許しでした。

氏神様（赤坂氷川神社様）にも可愛がっていただき、神社のことも一所懸命に尽くした父ですから、おそらくあの世でも大事にされていることと思います。そのような父ですから、この世を旅立った後、今日に至るまでのことは私から報告するまでもなく、全てお見通しのことでしょう。


でもね、パパ。報告したいことだらけだよ。

まさか逝った後、いよいよホッピー3代めとして真の独立だと思った矢先にパンデミックがやってきて、東京ではいっとき、お酒が売れなくなるだなんてびっくりだった。それよりも驚いたのは、父がパンデミックの到来を予測していたのかと思ったこと。もし、真っ最中の闘病だったら父は病室で孤独の闘いを強いられ、ひとりで逝くしかなかったでしょう。誰よりも家族が大好きでひとりを嫌がる人だから、もしそんなことになったら、本当に病室を抜け出して家に帰ってくるか、「やってらんねーや」と病室で舌でも噛み切っていたに違いない。人生の最期にそんな大事件を引き起こすようなことにならないで良かったと、胸を撫で下ろしています。

あの時期だったから最期の一瞬までずっと一緒にいられたこと。亡くなった64日後の10月18日、帝国ホテルの富士の間で、私のやりたいことのみで開かせてもらった「ありがとうの会」には多くの方にご参列いただき、おかげさまでとても父らしい会となったこと。私や母も思い残すことがなくパパを見送ることができた、これも父の予測のお陰様だと感謝しています。

今になり、父が私にしてくれたことの意味が少し、わかり始めています。まずは「承継」です。私は父から、入社して5年が経った2002年、初めて「いつか貴女に3代目のバトンを渡す」と言われました。そして私を取締役副社長に。光一社長の名代として社長然と振る舞う私を、父は、大きな羽を伸ばしてその中に包んで見守りながら、私に現場で「社長業とは何か、ホッピービバレッジの社長業とは何か」を教えてくれました。

そして2010年3月7日の3代目就任後以降、父が亡くなる2019年8月16日まで代表権を共にもち、伴走してくれました。亡くなってから、父が約20年もの月日をかけてゆっくりじっくり私にバトンを渡してくれたことに気づき、同時にそれくらい、事業承継は大事業なのだと実感しています。

生前、父はことあるごとに社員達にもいろいろな話をしてくれていました。私の知らないことを知っている社員もいるほどです。彼らは「私達は、光一会長の薫陶を受けた最後の社員。これからは会長から教えていただいたことを、私達から後輩に伝えていくことが大事な使命」と理解しくれています。そのことを知った時、ホッピービバレッジを承継したのは、私だけではない、社員達も共に受け継いだのだと気づきました。

私が新卒採用と人財教育にのめり込むようになったきっかけは、2002年に父からもらった「ホッピー第3創業に向けて、自分が思うような組織を作っていきなさい。貴女と心を共にして一緒に会社を盛り立ててくれる社員を育てていきなさい」という言葉でした。父は会長として、私が採用した社員達がホッピー3代めと心を共にし、3代めを支えてくれるよう、「社長のことを頼んだよ」という願いを込めて、彼らを育ててくれていたのだと気づきました。

最も大きな教えは「死に様が生き様」であるということです。2019年年8月15日の夜、父は「あ、あ…」とずっと「あ」の音を口にし、「あ」を繰り返しながら16日の午前12時35分、すっと眠るように穏やかに息を引き取りました。心臓が完全に止まった後も、父らしいいつもの笑顔（だから口が閉まらず、私のタオルで抑えたのでした）でした。

あの「あ」が「ありがとう」の「あ」と気づいたのは父が大好きだった赤坂の家に帰ってきてからのこと。父は、最期を「ありがとう」のみで締めくくることを神様に許された、素晴らしい83年の人生を生き抜いたのだと教えられました。私の最大の目標は、自身の死の瞬間に何ひとつ後悔のない人生を生き抜くことです。なんと最も身近にモデルがありました。最愛の父が私にその生き様を示し残してくれていたのです。

最期の最期に「ありがとう」という気持ちで逝くこと、「ありがとう」を最期の言葉として私達に残して逝ってくれたこと、これは私だけでなく、ホッピービバレッジの社員達にとってもかけがえのない、偉大なる教えとなりました。「会長のように生き抜く」を共通言語に、人生の最期に「ありがとう」という想いだけで旅立てる人生を創っていこう、ふさわしいホッピーピープルとなろうと、日夜研鑽に励んでくれています。

実は今日は、2024年2月20日です。命日から1650日目です。でも父を想い、父と向き合うと今でも目から大汗をかきます。この原稿を認めながらも目が腫れ始めています。私は昨年4月、上智大学地球環境学研究科に進学しました。入学式の午後、石渡家御用達の「銀座松屋」へメガネを作りに行きました。すでに違う店舗になっていますが、父も調製していたメガネ売り場です。驚いたのは、父のことも私のことも知らない店員さんから、父が最後まで最も愛用していたものと全く同じ、カルティエの白いフレームを勧められたことです。やはり似ているのかしらね。何本か作ったメガネの中からお揃いのフレームを最も愛用し、約束した学位の取得に向けて、新たなる挑戦の日が始まっています。

父が亡くなってから、生前以上に父と似ているなと思う瞬間が増えました。ふとした仕草です。朝家を出る時、母にかけた声に「うわ、パパと同じ！」と言われることも、誰かと話している時の自分のふとした手ぐせや言葉遣いが、「あれ、これはパパだ」と思うこともしょっちゅうです。その度に、父が近くに来てくれたと感じます。だから、これからも父を想い向き合うたび、目に大汗をかき続けるだろうけれど、一緒にいてくれることを分かっているので、大丈夫です。同じメガネフレームをかけながら、私も「あ」で人生を締めくくれるように全身全霊をかけて生き抜きます。

徳を沢山積んだ人生を歩ませていただいた父のことだから、いち早く、輪廻してくるかなとちょっと期待しています。その時はまた必ず、私の前に現れて近くにいてね。それまで一途にファザコン道を歩み続けます！

2024年2月20日

みーこより

最愛の父へ

2019年10月18日「石渡光一ありがとうの会」冊子より

父、光一と過ごした最後の52日間

本日はご多用の中、弊社代表取締役会長、ホッピー2代目、そして父である「故 石渡光一ありがとうの会」にご参会賜り、真にありがとうございました。

先の令和元年9月28日正午、秋晴れの美しい青空の下、父を大地にお返し致しました。

生前、お世話になった皆様へ石渡光一逝去のご案内をお届けしてから、多くの方が大変有り難い温かなお心を母や私に、社員達にお寄せくださり、お支えくださいました。お陰様で、私達は心穏やかに四十九日の法要を営むことができたと感じております。心より感謝を捧げます。

父は、約23年前に患ったC型肝炎から約13年前に肝臓癌を発症、83年の人生の約1／4を闘病しながら歩んだことになります。しかし、肝臓癌の発症とともに、あれだけ好きだったお酒をピタリと辞め（時々は、ホッピーだけを口にして楽しんでおりました）彼の心境にどんな変化があったのか、むしろ彼の人生に幾つもの大輪

が咲き誇るのは、病を得てからだったと感じます。そしてこのことを、父が天に召されてから改めて気づき、彼の芯の強さ、見事な生きっぷりに感じ入っている次第です。

再発を繰り返す肝臓ガンゆえ、父の闘いも「もぐら叩きゲーム」さながらで、再発を得てはちょこっと入院してしっかり叩き、退院後、次なる再発まではまるで何事もなかったかのように平然と、情熱をもって家業に業界のために、地元赤坂のために精力的に生きておりました。その姿はまるで不死鳥のようで、近年は母も私も「父なら、どんな病魔も叩きのめしてくれる」と、半ば本気で信じておりました。実際、13年間に転移は一切無し、1～2%と言われている肝臓ガンの10年生存率で13年頑張り、また2013年からは、再発も複数を得るようになり「もって3年」という状態だったにも関わらず、6年間頑張ったのですから、「石渡光一不死鳥説」もあながち家族の我欲的期待だけではなかったと言って良いでしょう。

不死鳥 光一に異変の影がうっすらと見えたのは、2019年に入ってからでした。新年の仕事始めの恒例行事である、社員揃って伺う赤坂氷川神社様ご参拝後に残された、記念撮影での笑顔がいつもと少し違うことが気になった半月後に、母から「パパの数値が思わしくなくて心配している」と言われました。それでも「パパだから大丈夫だよ」と100%信じておりました。

始まりは、平成も幕を閉じようとしていた4月17日のことです。23年間の彼の闘病をほぼずっと診てくださった、虎ノ門病院 梶が谷分院 肝臓内科医長小林正宏先生に、入院中の父には告げずにとのことで呼ばれたのでした。いただいたお話は「肝硬変、癌ともにステージが進んでいる。

まずは今年いっぱいを元気で過ごせることを目標に頑張りましょう」。

それでも、不死鳥 光一のことですから、当たり前のように令和を迎え、今年の年末年始もいつものように、中禅寺湖で家族共に過ごし、次の誕生日（2月8日）も例年のように赤坂本社で社員達に祝ってもらうことを信じて疑いませんでした。「先生、父は来年の創業115年に自叙伝を出版予定で、それをとても楽しみにしています。どうか生かしてください。家族も彼の長生きのためになんでもします」とお願いして病院を後にしました。

しかし、先生とお会いした頃から、素人目にも分かるような病魔の進行を示すサインが父の体にちらつき始めます。いつもでしたら10日から2週間で帰ってくる入院が1ヶ月を越え、令和を迎えたGW後にようやく退院。そして退院後、1週間も経たない5月18日の朝、家で不思議な吐血をして近くの済生会に救急再入院。吐血量からすると、このままになってもおかしくないほどだったのですが、この危機は見事に乗り越え、虎ノ門病院梶が谷分院への転院後、6月6日に退院することができました。

さて、超スーパーファザコンな私にも関わらず、現在、意外なほど穏やかにいられる理由は父との間に「共に過ごした最後の52日間」という時間があったからに他なりません。

その始まりは、6月26日NYからの帰国後となります。6月18日NYにいた私に、人工股関節置換オペを予定していた母から連絡があり、急遽、虎ノ門病院本院の外科部長先生のご予定が空いたので、20日にオペを受けることが決まり、ついては明日、入院することになったというのです。「え?私はNYだよ?パパひとりで大丈夫なの?」と聞くと、いともあっさり「大丈夫よ。パパも大丈夫って言ってるから」。実は私には26日の帰国後、28日よりフランスへの出張予定がありました。それはとても貴重なツアーで私が是非ともご一緒したかった方からお誘いをいただき、決まったものでした。事情を知っていた両親からは「いいわよ、行ってきて。パパもひとりで大丈夫だって言ってるから。せっかくの機会だから行ってきなさい。パパもそう言ってるわよ」と言われました。

そう言われても吐血後、元気にしているとはいえいつまた、何があるか分からない状態の父、社員達が自宅の1階下にあるオフィスにいてくれるとはいえ、家で彼を長期間ひとりにすることは、不安の極致です。そして、誰よりも娘のことを知り抜いている我が両親は、自分の痛みや苦しみを隠し平気の平左な顔をして、娘のやりたいことを優先してくれる(それが正しいことの場合のみですが)我慢強い人達なのです。悶々とした末にフランス行きをお断りして(当然のことなのですが…!)NYより帰国。帰国前、NYの心友に「今回の帰国はなんとなく気が重たい。これまでにない長い戦いが始まる予感がする」と話したそうですが、機中はこれまで感じたことの無いような、なんとも言えない重たさを感じながらの13時間でした。

告白します。同じ屋根の下に暮らしながら、父の23年間の闘病、特に13年間の肝臓癌との闘いを私は、ひとり娘でありながら母に任せっ放しにしておりました。病を抱えた父と徹底的に向き合い、伴走を始めたのは、6月26日からでした。奇しくも母が入院してくれたおかげ様と、実は母にはとても感謝しています。6月26日から共に過ごすことになった父の具合は、私の想像以上に悪化しておりました。大好きだった外食はいっさいNG。食べることがとても大好きだった彼なのに、食欲もめっきり減退、昨日まで美味しかったものが今日は、不味くて口にできない、今日食べられたものが明日は食べられなくなる。彼からお得意の笑顔が薄れて、なんとも機嫌の悪そうな雰囲気が続き、明らかに状況も日1日と変化する中、明日は何を食べさせようか、今日は何を用意すれば彼は喜んでくれるのかと、まるで正解探しのような毎日。まさかこんなにあっという間に別れが訪れるとは思っていなかったので、機嫌な父に手を焼いて「パパは頑張ろうとしない。病気に負けてる!」と、入院中の母に愚痴をこぼし、父に「おやすみ」を言わずに自室にこもった夜もひと晩だけありました。でも父を想い、インターネットや書籍から情報を得て、あの手この手で父のためにしようと過ごした時間は、とても幸せでした。

7月19日、ついに食事以外は起きてこなくなりました。7月20日、母から入院させたいと相談されます。でも今回、病院に入れたらもう帰ってくることはないと感じていた私は、私のわがままで拒否。しかし7月21日夜、食事に起きてきた父が座っているのも辛そうで、両腕で自分の顔を支えながらようやく食事をしている姿を目の当たりにして「家庭で支えられる限界は超えた」と感じ、母に「明日、小林先生にお電話しよう」と告げました。

7月22日、小林先生は想定されていた状況なのでしょう、今日にでも受け入れると仰っていただいたのですが、父と話す時間が欲しかったので翌日の入院をお願いしました。母が入院を告げると、素直に「うん」と答えたそうです。本人も不安だったのだと感じます。私からは「先生と連携してできるサポートはなんでもやる。だからパパは生きる望みを持って。それだったら入院していいよ」と、祈る気持ちで伝えました。そのことにも「うん」とハッキリ答えてくれました。まさか1ヶ月も経たないうちに逝くとは思えないほど、その晩は自力でお風呂に入り髭を剃り、翌朝の身支度も自身で整えたほどにまだ、力がありました。

7月29日、虎ノ門病院本院に一時、転院。19階から見える風景を「この風景はパパが子供の頃からずっと見てきたんだよ」といとおしむように話す姿に、「この人は本当に赤坂が好きなんだな」と感じておりました。

8月6日の昼に、チーフ看護師の青木さんに病院の廊下で呼び止められます。最期まで家族には弱音らしい弱音を吐くことのなかった父が「家族が励ましてくれるけれど僕にはもう、それに応える力はない」と話したそうです。その夕方、小林先生と再面談。そこで「今週が山場」と告げられました。この日を境に、私は全ての出張を取りやめ、仕事も最低限にさせてもらい、父と過ごすことに全力を尽くします。

昼の12時から夜の8時まで。父が大好きだったダークダックスを聴きながら、病室で家族3人、話したり食事したりとごく自然に穏やかに過ごし流れていく静かな時間、それは幸せ時間でした。まさに、かけがえのない家族の時間でした。

8月8日、この頃は喉の痛みから水すら飲むことを拒んでいたのですが、うれしそうにガラナを5口もスプーンから飲みました。飲みたいもの、食べたいものはなんでも持ち込んで良いとお許しをいただいていたので、リターナブルのホッピーを持っていったところ、ホッピーのボトルを見て目を輝かせ、まるでクリスマスに人形をもらった子供のようにとてもうれしそうな笑顔を浮かべて、愛おしそうに手に抱きました。改めて、父の自社製品に対する愛情の深さと大きさに驚き、トップのあるべき姿を見せられたと感じました。そしてこの日が声を出して話せた最後になり、8月11日が筆談をした最後となりました。いま、私のiPadには、彼の遺言とも言える「12月にNYへ行く」のひと言が、残されています。

そして8月13日の夜に少し痛がったので、強めの点滴で痛みを抑えていただきます。翌14日は、点滴の効果でうつらうつらとほぼ一日、穏やかに寝たきり。

明けて8月15日、いつもの時間に病室に到着すると、昨日とは打って変わって、目をパチリと開けて私達を出迎えてくれました。そこで私も母も、父に時間が迫っていることを感じます。14時30分、最後のあいさつ。3人で手を繋いで「ありがとう」と。16時頃、「心電図の波形が崩れ始めた。今夜が峠」とのこと。そして心臓の動きが少しずつ少しずつゆっくりになっていき、8月16日の午前零時35分を迎えることとなりました。

最後の最後まで彼の唇は「ありがとう」を告げていました。

闘病の最終フェーズも乱れたり錯乱することもなく、最後まで意識をハッキリ持ち、次なる新商品から、会いに行くべき人まで仕事に関する全ての指示を的確に出し、母のこと、愛した赤坂のことも託し、そして「美奈、落ち込んでいる暇はないよ」と言わんばかりに、ホッピーのNYでの展開に賛同しエールを送ってくれました。私に何を伝えたら一番喜ぶか、心の支えになるのか、娘に対して父が贈ってくれた最後の愛だったと感じます。笑顔を浮かべて今回の人生にピリオドを打った彼は今世、思う存分生き抜いた、思い残すことは何ひとつないと言わんばかりで、それは「King」と呼ばれるに相応しい見事なまでに美しく堂々とした、立派な最期でした。

父の笑顔が私の生き甲斐であり、「ホッピー3代め跡取り道」を頑張る原動力でした。父は私にとって最高の理解者であり支援者でした。寂しさは測りしれない程です。しかし、跡取りである私には家業があります。父を失っても、ホッピーを通じてどこまでも父と繋がっていられるという最幸の特権が与えられていることが有り難く、つくづく幸せだと感じております。寂しさを大志に変えて、これからますます、ホッピー3代道をひたむきに懸命に、情熱をもって生き抜いて参ることを誓い申し上げます。

偉大なる父、石渡光一の足元に少しでも近づけるよう、これまで以上に精進致します。至らぬホッピー3代めでございますが、どうか旧倍に増してご支援、ご指導を賜りますよう衷心よりお願い申し上げます。

本日はご参会賜り、真にありがとうございました。

石渡光一

いしわたり・こういち

1936年東京都赤坂生まれ。59年慶應義塾大学法学部卒業後、日東証券株式会社に入社。

67年退職、父が経営するコクカ飲料株式会社（現・ホッピービバレッジ株式会社）に入社。

79年2代目社長に就任。2005年赤坂氷川神社責任役員。

06年全国清涼飲料協同組合連合会・全国清涼飲料工業組合連合会理事長、全国清涼飲料工業会副会長。

08年NPO法人赤坂氷川山車保存会理事長。

10年ホッピービバレッジ株式会社代表取締役会長。全国清涼飲料協同組合連合会理事長として旭日小綬章受章。2019年8月16日永眠。

闘骨

ホッピー中興の祖

石渡光一自叙伝

2024年6月16日

著者
石渡光一

発行者
高橋栄一

発行所
都市出版株式会社
〒102-0072
東京都千代田区飯田橋4-4-12 NBC飯田橋ビル6階
Tel 03-3237-1790／Fax 03-3237-7347
振替00100-9-772610

編集協力
ホッピービバレッジ株式会社、株式会社ホッピーミーナ

ブックデザイン
大野リサ

印刷・製本
株式会社グラフィカ・ウエマツ

ISBN978-4-910939-00-1

HOPPY ホッピー

HOPPY ホッピー HOPPY ホッピー HOPPY ホッピー HOPPY ホッピー HOPPY ホッピー HOPPY ホッピー HOPPY ホッピー HOPPY ホッピー HOPPY ホッピー HOPPY ホッピー HOPPY ホッピー HOPPY ホッピー HOPPY ホッピー HOPPY ホッピー HOPPY ホッピー HOPPY ホッピー HOPPY ホッピー HOPPY ホッピー HOPPY